Die Farben der Erde ASIEN

Die faszinierendsten Naturlandschaften des größten Kontinents

DIE FARBEN DER ERDE

ASIEN

Dünen, so weit das Auge reicht – die arabische Rub al-Khali ist die größte Sandwüste der Welt. Der Baum, der mittendrin wächst, scheint wie eine Fata Morgana aus der unwirtlichen Gegend aufzuragen.

Bis zu 5600 Meter steigen die Gipfel des Elburs aus der persischen Landschaft auf. Perfekt angepasst an die ockerfarbene Erde haben sich Tiere wie der Karakal oder der Goldschakal, die hier leben.

Als hätte Gott ein Geduldsspiel begonnen, so wirkt der Nadelfelsen in der Bucht von Phang Nga. Sein Bild ging um die Welt, denn hier wurde der James-Bond-Film »Der Mann mit dem goldenen Colt« gedreht.

Ein junger Orang-Utan sucht unter einem großen Blatt Schutz vor dem Regenguss – die Menschenaffen sind stark bedroht, und der indonesische Nationalpark Gunung Leuser zählt zu ihren letzten Rückzugsgebieten.

Die untergehende Sonne hat den Himmel orange gefärbt, der nun wirkt als würde er brennen. Dazu bildet das Gletschereis auf dem Südhang der Annapurna einen guten Kontrast.

Stärker kann Einsamkeit kaum sein als hier oben in den Höhen des Himalaya. Mit 8091 Metern ist die Annapurna allerdings nur der zehnthöchste Berg der Erde.

NATURSCHUTZGEBIET JIUZHAIGOU, CHINA

Der Fünf-Blumen-See im chinesischen Naturschutzgebiet Jiuzhaigou wirkt fast schon künstlich in seiner Klarheit. Das Wasser ist stark kalkhaltig und nährstoffarm, sodass die hineingefallenen Bäume nicht zersetzen.

Wenn im Herbst die Natur noch einmal all ihre Kraft aufwendet, um sich mit einer letzten Blüte zu verabschieden, sehen die Ahornblätter an den Fukurodafällen in Japan aus wie angemalt.

Gemächlich und sicher setzen sie einen Huf vor den anderen und kommen trittfest in die höchsten Gipfel – Yaks sind erstaunliche Kletterer und wichtige Nahrungslieferanten für die Nepalesen, wie hier am Khumbu.

»Je stiller man ist, desto mehr kann man hören« – kaum eine östliche Weisheit passt derart auf die Naturwunder Asiens wie der Ausspruch von Konfuzius. Denn an den schönsten Orten des östlichen Kontinents ist Stille das lauteste Geräusch. Niemand plappert, keine Motorengeräusche durchbrechen die Ruhe, die einzige Musik, die über Reisfelder oder die Eurasische Steppe zieht, sind die Gesänge des Windes, der die Felsen umweht, das Wiehern der Pferde oder der Schrei des Adlers im Himmel. Von Russland bis nach Indonesien, vom ewigem Eis bis hin zu tropischen Wäldern Borneos oder den Traumstränden im Oman reicht die Vielfalt des Kontinents. Er ist geprägt von einer vulkanischen Landschaft,

Einem blauen Auge gleich wirkt der Gletschersee in den Tien-Shan-Bergen von Kirgisistan. Die Gegend ist noch fast unberührt, und Touristen verirren sich selten auf die frostigen Gipfel.

viele Gipfel oder Atolle haben ihren Ursprung in einstigen Feuerbergen. Der Pazifische Feuerring gehört heute noch zu den aktivsten Vulkanzonen der Erde. Beeindruckend zeigt sich das etwa auf Kamtschatka oder in Japan, wenn Fumarolen dampfend aus dem Boden zischen. Es sind Bilder, die zum Träumen einladen. Ein Garten Eden, der an vielen Stellen starken Schutz braucht, denn die Gier nach Rohstoffen und Ackerland setzt den einmaligen Landschaften enorm zu. Seien es die brennenden Urwälder in Borneo, die den Orang-Utans ihre Heimat rauben oder Atom-U-Boote im Arktischen Ozean. Eine Landschaft, die Besucher staunen lässt – und schweigen aus Demut vor so viel Schönheit.

INHALT

Der Vulkan Gunung Batur auf Bali sorgt mit seinem Doppelkessel für spektakuläre Panoramen. Er ist etwa 28 000 Jahre alt und noch immer aktiv.

NORDASIEN

Nowaja Semlja 22
NP Yugyd Va 24
Sibirische Tundra 26
Sibirische Taiga 27
Altai 28
Baikalsee 30
Tschuktschensee 32
Wrangelinsel 34
Moschusochsen 35
Kamtschatka 38
Kamtschatka-Vulkane 40
Kamtschatka: Tolbatschik-Vulkan 42
Kamtschatka: Tal der Geysire 44
Amurregion 46
Amurtiger 48
Kurilen 50

VORDERER ORIENT UND ZENTRALASIEN

Pamukkale 54
Kappadokien 56
Vansee 60
Totes Meer 62
Wadi Rum 64
Rub al-Khali 68
Schutzgebiet Hawf 70
Sokotra-Archipel 71
Flora und Fauna des Sokotra-Archipels 74
Halbinsel Musandam 76
Hajargebirge 78
Rimal Al Wahiba 80
Dasht-e Kavir 82
Dasht-e Lut 84
Karakum 86

Beliebt sind Sonnenaufgangstouren zum Gipfel. Die Muster, die die Lava in den Berg gegossen hat, veranstalten mit zunehmender Sonne beeindruckende Schattenspiele.

Eurasische Steppe 88
Scharyn-Canyon 92
NP Ala Archa 94
Köl Ükök 96
Song Köl 97
Tian Shan 100
Pamir 104
Hindukusch 106

SÜDASIEN

Karakorum 110
Der dritte Pol – Gletscher im Karakorum 112
Trango-Türme 113
Shigar-Tal 114
Skardu-Tal 116
NP Deosai 118
Nanga Parbat 120
Hunza-Tal 122
Kashmir-Tal 124
Nubra-Tal 126
Zanskar 128
Indus-Kultur 130
Pangong Tso 132
Spiti-Tal 134
NP Valley of Flowers 136
Wüste Thar 138
NP Keoladeo 140
NP Ranthambore 142
Königstiger 144
NP Satpura 146
Ranganathittu-Reservat 148
Westghats 150
Westghats – Regen im Überfluss 152
Westghats: NP Eravikulam 154

INHALT

Wasserfall Huay Mae Khamin in Thailand: Als würde sich eine riesige Steindame in barocke Reifröcke aus Spitze kleiden, so empfindet manches Kind diesen Wasserfall.

Westghats: NP Mudumalai 156
Backwaters 158
NP Sundarbans 160
NP Manas 161
NP Kaziranga 162
Indische Elefanten 164
Panzernashörner 165
NP Makalu Barun 166
NP Sagarmatha 168
NP Sagarmatha: Mount Everest 172
Annapurna Himal 176
NP Chitwan 180
Zentrales Hochland von Sri Lanka 182
NP Sinharaja 184
NP Bundala 186

OSTASIEN

NP Altai Tavan Bogd 190
Przewalskipferde 191
Chöwsgöl Nuur 192
Mongolische Steppe 194
Wüste Gobi 196
Trampeltiere 197
Changbai Shan 200
Heshigten-Geopark 201
Badain Jaran 202
Bashang-Plateau 204
Wulingyuan 206
Huang Shan 208
Tian Shan 210
Altai 211
Taklamakan 212
Kunlun Shan 214

Er ist siebenstufig und gleitet über Kalkfelsen. Da hier keine Algen- und Wasserpflanzen wachsen, hat er sich ein ganz pures Aussehen bewahrt.

Zhangye-Danxia-Geopark	216	NP Drei Parallelflüsse	240	NP Juwangsan	258	NP Bandai-Asahi	272
Hochland von Tibet	220	Luoping	242	NP Gyeongju	259	NP Nikko	274
Himalaya	226	Steinwald von Kunming	243	Schutzgebiet Daedunsan	260	NP Joshinetsu-Kogen	276
Schutzgebiet Qomolangma	228	Schilfrohrflötenhöhle	244	NP Jirisan	261	Japanmakaken	277
Chola Shan	230	Li-Fluss	246	Jejudo	262	Fujimi-Hochebene	278
NR Yading	232	Paektusan	250	NP Shiretoko	264	Fuji	280
Naturschutzgebiet Jiuzhaigou	236	NP Seoraksan	252	NP Daisetsuzan	266	Sakurajima	282
Huanglong	238	NP Bukhansan	254	NP Daisetsuzan: Tokachi-dake	268	Yakushima	284
Pandabären	239	NP Sobaeksan	256	NP Towada-Hachimantai	270		

INHALT

Der K2 ist der bekannteste Gipfel der Karakorum-Kette. Doch auch der Concordiaplatz, wie dieser Ort heißt, ist etwas Besonderes: Hier treffen auf 4600 Meter Höhe der Baltoro-Gletscher und der Godwin-Austen-

SÜDOSTASIEN

NP Khao Yai	288
Phang-Nga-Bucht	290
Ko Phi Phi	292
NP Ko Ang Thong	294
NP Bako	296
NP Gunung Mulu	298
NP Kinabalu	300
Sepilok-Schutzgebiet	302
Zwergelefanten	303
Danum-Tal	304
Mabul	306
Tat Kuang Si	308
Fansipan	310
Sapa-Tal	311
Mu Cang Chai	312
NP Tam Dao	313
Bucht von Halong	314
NP Phong Nha-Ke Bang	316
NP Bach Ma	318
NP Gunung Leuser	320
Orang-Utans	322
NP Kerinci Selblat	324
NP Way Kambas	326
NP Ujung Kulon	327
Gunung Papandayan	328
NP Bromo Tengger Semeru	330
Zentrales Hochland von Bali	332
Nusa Penida	336
Lombok	337
NP Komodo	338
Komodowarane	340
Flores	342
Korallenküste von Sulawesi	344
Schutzgebiet Tangkoko Duasaudara	346

Gletscher aufeinander und bilden das Herz des Massivs, das als das höchste Gebirge der Welt gilt. Rund um das Gletscherfeld erheben sich mächtige Achttausender.

NP Tanjung Puting	348
Raja Ampat	350
Luzon	352
Bohol	354
Coron	356
Nationales Meeresschutzgebiet Tubbataha-Riff	357

ANHANG

Register	358
Bildnachweis, Impressum	360

ABKÜRZUNGEN

NP = Nationalpark
NR = Naturreservat

NORDASIEN

Weit und unberührt scheint die Landschaft Nordasiens zu sein. In der Taiga reichen die Lärchenwälder Hunderte von Kilometern ohne menschlichen Einfluss. Permafrostboden bringt vielerorts eigene Lebensbedingungen hervor, und Fotografen sind immer wieder fasziniert von den Lichtverhältnissen des Nordens. In einem Moment hängen die regenschweren Wolken in der Ferne, im nächsten kommt die Sonne heraus und taucht alles in satte Farben. Die Lebensbedingungen sind hart, und viele Regionen befinden sich im Umbruch, den Weg aus dem Nomadentum in das moderne Zeitalter zu schaffen.

NOWAJA SEMLJA

Der knapp 90 000 Quadratkilometer große Archipel zählt zu den größten Inseln der Erde und ist zur Hälfte von polarer Eiswüste bedeckt.

Wie eine schmale Mondsichel liegt die Doppelinsel Nowaja Semlja vor der russischen Nordpolarmeerküste. In der Luftlinie sind Grönland und Spitzbergen näher als Wladiwostok. Die Insel, die auf den ersten Blick wie eine Einheit aussieht, gliedert sich in zwei Teile, den Norden und den Süden, getrennt von einer schmalen Meerenge namens Matotschkin Schar. Hier beginnt die im Süden

eher flache moosige Tundra sich zu erheben und erreicht Gipfel mit bis zu 1500 Metern Höhe. Schon früh sollen sich hier Vertreter der samojedischen Völker niedergelassen haben. Die historischen Zeugnisse dieser Besiedlung sind alte Holzkreuze, deren Ursprünge auf das 16. Jahrhundert geschätzt werden. Eine holländische Expedition umsegelte im Jahr 1596 die Insel auf dem Weg gen Indien und schaffte es sogar, die Nordspitze der Insel zu umrunden. Schon damals gab es einen kleinen Hafen und Bewohner, die den Skorbutkranken an Bord halfen. Die Einheimischen hatten sich hier auf Robbenjagd sowie Weißfisch- und Lachsfang spezialisiert. Nach Grönland ist Nowaja Semlja die älteste polare Insel der Welt. Der Archipel gehört zu den am dünnsten besiedelten Re-

Unbewohnte Inselgebiete waren im Kalten Krieg ein beliebtes Areal für Atomwaffentests; so auch Nowaja Semlja. Die radioaktive Belastung ist noch immer stark erhöht.

gionen Russlands. Nur 2400 Einwohner leben unter diesen rauen Bedingungen, sie sind eine Mischung aus den samojedischen Ureinwohnern und den späteren russischen Besiedlern, die nach der russischen Annexion 1924 hier Wetterstationen aufbauten und nach Bodenschätzen suchten. Zuvor war die Insel Niemandsland gewesen. Schon früh grub man nach Blei, Zink und Fluorid. Heute finden sich dort große Gas- und Erdölvorräte. Zudem gehört die vorgelagerte Barentsee zu den weltwichtigsten Fanggebieten für Kabeljau. Doch auf dem Meeresgrund tickt auch eine Zeitbombe, denn vor der Insel liegen etliche gesunkene russische Atom-U-Boote. Zudem war Nowaja Semlja, was auf Deutsch »neues Land« bedeutet, von 1955 bis 1990 russisches Atomwaffentest-

gebiet. Große Teile der Landschaft sind deswegen bis heute radioaktiv verseucht. Die Tierwelt hingegen scheint zumindest auf den ersten Blick intakt, denn Eisbären und Lummen sind hier in sehr großer Zahl zu finden, auch Polarfuchs und Tundrawolf leben hier. Sie sind die Hauptattraktion von touristischen Expeditionen, die in den vergangenen Jahren mehr und mehr die Insel erreichen.

NP YUGYD VA

Der Park, der insgesamt 190 000 Quadratkilometer Land bedeckt, ist der größte Nationalpark in Russland und Europa und umfasst auch den 1820 Meter hohen Manaraga, der hier im Morgenlicht glänzt.

Die Republik Komi ist bei vielen Menschen ebenso unbekannt wie der Nationalpark Yugyd Va. Die vom Flachland dominierte Region liegt im Nordwesten Russlands. Sie reicht bis an das Uralgebirge, wo ihre Topografie von Gipfeln dominiert wird. Die Gletscher des Urals bringen viele Flüsse und Seen hervor und versorgen den Park mit der wertvollen Lebensgrundlage Wasser. So ist

die hier vorherrschende Taiga geprägt von klaren Gewässern, mehr als 800 Seen sind dort zu finden. In den oberen Lagen verändert sich der boreale Nadelwald in baumlose Tundra. Der Nationalpark ist kurz nach einer Umweltkatastrophe ins Leben gerufen worden: Im Jahr 1994 liefen mehr als 100 000 Tonnen Rohöl aus maroden Pipelines in die Flüsse Petschora und Kolwa und verseuchten die umliegenden Böden. Heute hat sich die Natur einigermaßen erholt. Das abgelegene Reservat gilt noch immer als Geheimtipp, vor allem bei Vogelfreunden, die hier mehr als 180 verschiedene Arten zählen können. Auch Säugetierarten bereichern das biologische Gleichgewicht, darunter Hermeline, Otter, Rentiere, Baummarder, Wölfe oder Polarfüchse.

Zu den seltenen Tierarten im Nationalpark gehört der Habichtskauz, auch Uralkauz genannt. Der große Gesichtsschleier ist typisch für diese Vogelart.

SIBIRISCHE TUNDRA

Im Sommer wunderbar grün und saftig wirkt die Tundra in Sibirien, hier auf dem Ukok-Plateau, das zum UNESCO-Weltnaturerbe des russischen Altai gehört.

»Baumloses Hochland« bedeutet der Begriff Tundra. Er stammt aus dem Russischen und benennt die Kältesteppe, die sich im Norden des Landes dort ausbreitet, wo der boreale Nadelwald endet. Charakteristisch sind ihr baumloser Bewuchs sowie die Permafrostböden. Im Schnitt übersteigt die Jahrestemperatur nicht –1 °C ein Grad, sodass zwar die Erdoberfläche in den wärmeren Sommermonaten antaut, aber unter der obersten Schicht ständig gefroren bleibt. Dabei kommt dem sibirischen Permafrostboden eine besondere Rolle zu, denn die Eisschilde erreichen Tiefen von bis zu 1500 Metern, in Skandinavien sind sie nur 20 Meter dick. Weil die Bäume weder Wurzeln in diesen Boden schlagen noch Wasser aus ihm saugen können, wachsen hier nur Flechten, Moose und Gräser.

Der boreale Nadelwald spielt auch beim Klimaschutz eine bedeutende Rolle. Er ist der größte Kohlenstoffspeicher der Erde. Durch den Klimawandel aber siedeln sich auch hier mehr und mehr Laubbäume an.

Wer einmal mit dem Flugzeug über Russlands Osten geflogen ist, wird den Anblick so schnell nicht wieder vergessen: Wald, so weit das Auge reicht, unberührt von Siedlungen und Industrie. Die Taiga ist eines der wichtigsten Waldgebiete der Welt und ist, wie der Regenwald auch, stark bedroht: Abholzung, Waldbrände und Zertrennung der Flächen zerstören die grüne Lunge unserer Erde. Nur

noch 30 Prozent sind im ursprünglichen Zustand. Die Taiga mit ihren Fichten, Lärchen und Kiefern unterscheidet sich erheblich vom Aussehen einer deutschen Fichtenschonung: Hier wachsen Flechten und Heidelbeerbüsche auf buckeligem Grund, während in Wirtschaftswäldern der Boden glatt und kahl ist. Zudem sind die Taiga-Bäume knorriger und ihre Äste reichen oftmals bis an den Boden.

ALTAI

Der See Moultinskoe gibt, umgeben von Lärchen und Pinien, ein typisches Bild für die höheren Gebirgslagen des Altai ab. Eine bizarre Uferlandschaft mit erodierten Felsen bietet der Kolyvansee (kleines Bild).

Der Russische Altai in Südsibirien ist Teil eines asiatischen Gebirgssystems, zu dem außerdem noch der Mongolische und der Gobi-Altai gehören. Von der Steppe bis hinauf zur alpinen Vegetation findet sich im Altai die vollständigste Abfolge von Vegetationszonen in ganz Mittelsibirien. Die Pflanzenvielfalt ist enorm: Mehr als 2000 Gattungen wurden identifiziert, darunter allein 212 en-

demische Pflanzenarten. Die Tierwelt ist charakteristisch für die sibirische Waldfauna. Es gibt über 70 verschiedene Säugetier-, 300 Vogel-, elf Reptilien- und Amphibiensowie über 20 Fischarten. Manche der hier heimischen Säugetiere und viele Vogelarten stehen in Russland wegen ihrer Bedrohung auf der Roten Liste, wie etwa Steinadler, Kaiseradler und Schneeleopard.

Mitten in der eurasischen Weite liegt der Altai und ist damit auf der Erde das Gebirge, das am weitesten von einem Ozean entfernt liegt. Wasser gibt es hier nur in Form von stillen, klaren Bergseen.

BAIKALSEE

An der tiefsten Stelle des Baikalsees wurden 1637 Meter gemessen, die größte Tiefe aller Seen der Erde. Wegen der großen Wassermenge ist der See sehr kalt und im Winterhalbjahr komplett zugefroren.

Als Gewässer der Superlative gilt der Baikalsee. Er ist nicht nur der Süßwassersee mit der größten Wassertiefe und dem größten Wasservolumen, sondern mit einem Alter von 25 Millionen Jahren auch der älteste See der Welt. Der See mit einer Länge von fast 650 Kilometern und einer durchschnittlichen Breite von fast 50 Kilometern liegt im südlichen Sibirien in einem geologisch sehr aktiven Gebiet, wo es oft zu Erdbeben kommt. Am Ufer entspringen aus Erdspalten mineralische Quellen, um die herum sich Kurorte etabliert haben. »Reicher See« bedeutet der Name Baikalsee in der burjatischen Sprache. Und in der Tat ist die Pflanzen- und Tierwelt im und um den See sehr vielfältig.

Die Kälte ist eine filigrane Künstlerin, die nicht nur den See in einem Augenblick verharren lässt, sondern auch Felsen, Ufer und Zuflüsse in ihrem eisigen Gemälde vereinnahmt.

TSCHUKTSCHENSEE

Die Eisbären sind an das Leben am Packeis ebenso gewöhnt wie die Stämme der hier sehr ursprünglich lebenden Rentiernomaden.

Zwischen Alaska und Ostsibirien trennt die Tschuktschensee Russland und die USA. An der schmalsten Stelle liegen nur 90 Kilometer zwischen den beiden Großmächten. Mit seinen 77 Metern Tiefe ist es ein äußerst flaches Meer, das im Winter komplett zugefroren sein kann. Die Region ist nahezu unberührt, viele Menschen üben dort noch alte schamanische Traditionen aus. Die Dörfer sind teilweise Tagesreisen voneinander entfernt, die einzigen Transportmittel sind Schneemobile oder Rentierschlitten. Im Winter, wenn die trockene Kälte sich über das Land gelegt hat, kommt es zu märchenhaften Szenen, wenn der Wind bizarre Eiskristalle über die polare Wüste wirbelt.

Auf den Eisschollen des Packeises sonnen sich die Walrosse dicht an dicht. Der Druck hat das Salz des Meerwassers über die Jahre an den Rand der Schollen gedrückt.

WRANGELINSEL

Auf der gebirgigen Wrangelinsel sind höchst unterschiedliche und für diese nördliche Lage sehr ungewöhnliche Lebewesen anzutreffen. Eisschollen treiben hier vor dem Küstenabschnitt Cape Waring.

Die weit nördlich des Polarkreises am westlichen Rand der Tschuktschensee gelegene, rund 7500 Quadratkilometer große Wrangelinsel – benannt nach dem russischen Admiral Ferdinand von Wrangel – weist eine große Vielfalt von Lebensräumen mit jeweils unterschiedlichem Mikroklima auf. Wegen ihres gebirgigen Charakters war sie während der Eiszeit nie ganz vergletschert. Deshalb existieren hier viele Pflanzen- und Tierarten, die andernorts ausgestorben sind. So gibt es auf der Wrangelinsel allein mehr als 400 Arten von Gefäßpflanzen, doppelt so viele wie in jedem anderen Tundragebiet vergleichbarer Größe. Auf der Insel lebt die mit bis zu 100 000 Individuen größte Population des Pazifischen Walrosses. Die Dichte der Eisbärenhöhlen ist die höchste der Welt.

Die Moschusochsen sind ideal für die harten Wetterbedingungen ausgestattet. Ihr Fell besteht aus verschiedenen Haararten, die den Körper schichtweise schützen. Bei Gefahr bilden die Tiere einen Verteidigungsring.

Die Moschusochsen gelten als Überlebende der letzten Eiszeit – das dichte Fell, die scharfen Vorderhufe und vor allem die Augen sind kalten Umweltbedingungen ideal angepasst. Dank der hochempfindlichen Netzhaut können Moschusochsen auch sehr gut sehen, wenn es im arktischen Winter tagsüber so gut wie dunkel bleibt. Extrem hell wird es in den Polarregionen allerdings

im Sommer. Dann kann sich die Pupille derart verengen, dass der Moschusochse trotzdem sehfähig bleibt. Charakteristisch für den bis zu 1,50 Meter großen Hornträger sind sein Buckel und der auffällig große Kopf, den zwei nach oben gebogene Hörner schmücken. Eine Besonderheit ist das Fell der Tiere: Mit seinen bis zu 62 Zentimetern Länge gehört es zu den längsten Behaarungen der Tierwelt. Da die Haut keine Talgdrüsen hat, gelangt kein wasserabweisendes Fett auf die üppige Haarpracht, deshalb sind die zotteligen Moschusochsen extrem feuchtigkeitsempfindlich. Dichtes Unterfell und große Fettpolster am Körper bilden aber einen guten Schutz gegen trockene, arktische Temperaturen. Die Tiere sind perfekt an die oft rauen Bedingungen angepasst.

Der Eisbär ist das Tier, das am meisten unter der Erderwärmung zu leiden hat: Frieren im Herbst die Eisflächen nicht mehr zu, hat er ein nur sehr beschränktes Jagdrevier. Es ist also kein gutes Zeichen, wenn sich

so viele Bären gleichzeitig in einer Bucht um einige Walrosskadaver versammeln. Etwa 400 Weibchen ziehen im Winter ihre ein bis zwei Jungen auf der Wrangelinsel groß.

KAMTSCHATKA

Die landschaftlich eindrucksvolle Halbinsel ist naturräumlich überaus vielgestaltig: Vulkane und Gletscher, Geysire und heiße Quellen, Moore und scheinbar endlose Waldgebiete prägen den Charakter Kamtschatkas.

Neun Stunden lang fliegt man von Moskau immer nach Osten, neun Zeitzonen durchquert man, Tausende von Kilometern lässt man hinter sich und sieht doch immer nur eine Landschaft, die in ihrer Monotonie erstarrt ist, als habe ihr die Kälte die Seele ausgetrieben, die so stumm daliegt, als sei sie längst tot. Doch dann, am äußersten Ende Russlands, wenn man alle Hoffnung schon aufgegeben hat, erwacht die Scheintote plötzlich zum Leben: Die Halbinsel Kamtschatka, Russlands allerletzter Zipfel Land, ist eine heißblütige Schönheit, erst vor zwei Millionen Jahren aus dem Meer gestiegen, weil sich die Pazifische Erdplatte mit brachialer Gewalt unter die Eurasische schiebt.

In perfekten Schwüngen zieht sich die Vyvenka durch die Halbinsel Kamtschatka, wie von einem Maler mit ruhiger Hand gezogen. Der Fluss ergießt sich nach knapp 400 Kilometern in die Beringsee.

Seit Jahrzehnten schon spuckt der 1536 Meter hohe Karymski regelmäßig Lava und Asche. Vermutlich ist er schon seit rund 500 Jahren so aktiv.

Die schneebedeckte Stille trügt – unter den Vulkankappen brodelt ein sehr aktives Lavatreiben, wie hier beim Tolbatschik-Vulkan.

Dass Feuergeister hier wohnen, mag gerne annehmen, wer in die Region Kamtschatka fährt. Jedenfalls glauben die einheimischen Schamanen, dass Bergwesen im Inneren der Vulkane aktiv sind. Die Region ist das Herz vulkanischer Aktivität im Pazifik. Hier treffen drei Erdplatten aufeinander und haben Berge aus der Landschaft gestülpt. Die mächtigen tektonischen Kräfte drücken die

Pazifische Erdplatte unter den Rand der Eurasischen. Knapp 170 Feuerberge reihen sich wie Perlen auf einer Kette aneinander. Nicht selten bricht ein Vulkan aus und sprengt im Extremfall den kompletten Gipfelkegel ab. Doch Schlagzeilen machen diese Feuerberge eher selten, denn die Gegend ist sehr dünn besiedelt und die Rentiernomaden leben noch von Bären und Lachsen.

KAMTSCHATKA: TOLBATSCHIK-VULKAN

Schwarz sind Teile der Erde rund um den Tolbatschik gefärbt – ein Zeugnis von dessen permanter Aktivität. Im Hintergrund ist die ebenfalls sehr ebenmäßige Kegelform des 3080 Meter hohen Zimin zu erkennen.

Als sei die Welt untergegangen, so sieht das Tal rund um den Tolbatschik-Vulkan aus. Verglühte Baumstämme ragen in die Luft, nackt wie Zahnstocher, als seien sie die letzten Zeugen einer unvorstellbaren Apokalypse. Sie sind in der Tat die Folgen des letzten Ausbruches des Vulkanriesen im Jahr 2012 und stehen auf rabenschwarzer Erde. Wer hier wandert, kann die Wärme

der Vulkane noch unter den Füßen spüren. Der 3682 Meter hohe Tolbatschik gehört zu den Attraktionen der Halbinsel Kamtschatka. Zum einen besteht er aus zwei Vulkanen – einem Schild- und einem Stratovulkan –, zum anderen gelangt er immer wieder mit spektakulären Ausbrüchen in die Berichterstattung der Medien. Unberechenbar wie seine Nachbarschlote ist dieser Vulkan, nicht selten ziehen seine Explosionen große Erdbeben nach sich. Man sieht ihm sein inneres Feuer nicht an, wenn sich sein Gipfel in dem spiegelglatten Wasser des vorgelagerten Sees spiegelt. Aufgrund seiner perfekten Kegelform ist er ein beliebtes Motiv bei Naturfotografen, zeigt sich jedoch äußerst verschämt vor der Kamera: Meist ist er von Wolken verhüllt.

KAMTSCHATKA: TOLBATSCHIK-VULKAN

Perfekte Kegel – das ist alles eine Ansichtssache beim Tolbatschik-Vulkans. Der Feuerberg ist unberechenbar und bricht häufig aus, auch verhüllen oft Wolken und Hochnebel die Sicht.

KAMTSCHATKA: TAL DER GEYSIRE

Eine Schlammlawine hat im Jahr 2007 große Teile des Tals unter sich begraben. Doch die Natur erholt sich langsam davon, und noch immer bleibt Dolina Geiserow eines der größten Naturwunder unserer Erde.

Nicht nur die Menschen genießen die heißen Quellen für warme Bäder, auch Bären tummeln sich hier gern für die Körperpflege.

Es blubbert und zischt. Fumarolen spucken kochendes Wasser hervor. Dolina Geiserow, wie das Tal der Geysire auf Russisch heißt, ist das zweitgrößte Geysirfeld der Erde, nach dem US-amerikanischen Yellowstone-Nationalpark. Es ist zudem das einzige seiner Art in Asien. Mehr als 30 Geysire sind hier aktiv. Knallgelb leuchtet Schwefel auf den harschen, braunen Felsen. Daneben glitzert ein See ganz unwirklich mit seinem türkisblauen Wasser im Krater. Fumarolen schmettern die heißen Dämpfe zur Seite oder bis zu 40 Meter in die Luft. Die starken Erdbewegungen haben Spalten geschaffen, aus denen Wasserfälle in die Tiefe stürzen oder heiße Quellen emporsprudeln.

AMURREGION

Zwischen Kiefern und Lärchen breitet sich im Unterholz im Frühjahr eine farbige Blütenpracht aus. Das Klima der Region ist geprägt von kalten Wintern und gemäßigten Sommern.

Träge schleppt sich der Amur durch die Landschaft. Fünfmal breiter als der Rhein ist er an manchen Stellen, dichte Wälder säumen seine Ufer. Neben Birken und Lärchen wächst hier auch der endemische Amurkorkbaum, der vor allem mit seiner knorrigen, borkigen Korkrinde beeindruckt. Rhododendrenarten sorgen im Frühjahr für intensive Farben. In diesen Schutzräumen der Natur,

etwa im Norsky-Reservat oder in der Provinz Primorsky, haben sich viele Tiere angesiedelt wie Schwarzstörche, Seeadler oder Mandschurenkraniche. Bekannteste Vertreter der Fauna sind Amurtiger und Amurleopard, beide stark vom Aussterben bedroht. Die Holzbestände wecken Begehrlichkeiten, und so ist das Flussbecken zwischen China und dem östlichen Russland nicht mehr unberührt.

Die extrem gefährdeten Amurleoparden sind elegante Jäger; sie haben meist in der Nähe von Flüssen ihr Revier, das bis zu 30 000 Hektar groß sein kann.

AMURTIGER

Holzschlag, Wilderei, Waldbrände und die Verwendung seiner Knochen in der Traditionellen Chinesischen Medizin haben die Bestände des Amurtigers besorgniserregend sinken lassen.

Der einzige Tiger, der sich an Kälte wie Schnee und Minusgrade angepasst hat, ist der Amurtiger. Er ist zugleich die größte Raubkatze der Welt und kann bis zu 300 Kilogramm schwer werden. Er ist scheu und selten zu sehen, Kratzspuren oder Pfotenabdrücke im Schnee weisen auf seine Anwesenheit hin. Der Jäger braucht viel Platz, und sein Revier kann bis zu 200 Quadratkilometer einnehmen. Wenn Pipelines, Autobahnen und menschliche Siedlungen die einst zusammenhängenden Reviere zerschneiden, stirbt auch der Tiger aus. Das Gebiet rund um Leopardowy gehört zu den letzten Rückzugsgebieten dieser Art, die einst fast ganz Ostasien vom Baikalsee bis nach Korea durchstreifte.

Der Tiger war zudem eine wertvolle Jagdtrophäe, sodass er inzwischen fast ausgerottet ist. Man schätzt seinen Bestand auf etwa 400 Tiere.

KURILEN

Ein abgebrochener Vulkankrater vom Meer umflossen – das kann nur Kureta-wan sein. Die Kraterbucht gehört zu der Insel Yankicha und wird gern von Ausflugsbooten angefahren.

Manchmal schlägt das Land Brücken über weite Entfernungen im Meer. Zwischen den Nationen Japan und Russland liegt wie ein feines Band der »Archipel der 1000 Inseln«, wie die Kurilen genannt werden. Ihnen kommt eine wichtige strategische Bedeutung zu, da sie das östliche Tor zu Russland darstellen. Immer wieder gerieten beide Nationen kämpferisch aneinander, um sich die Eilande zu sichern. Dabei verlagerte sich die russische Grenze immer weiter nach Japan. Heute reicht das russische Staatsgebiet bis vor die Insel Hokkaido, noch 1855 war der ganze Inselkomplex in japanischer Hand. Er ist geprägt von aktiven Vulkanen, die Besucher mit Glück beim Ausbruch beobachten können.

Ein Polarfuchs im Sommerkleid: Während sich das Fell des Tiers in den Wintermonaten schneeweiß färbt, tarnt sich der Fuchs in der warmen Jahreshälfte mit einem braunen Pelz.

VORDERER ORIENT UND ZENTRALASIEN

Uralte Kulturschätze prägen die Region zwischen dem Mittelmeer und dem Golf von Bengalen. Trotz ihrer für die Menschheit wichtigen historischen Stätten, ist es zugleich eine konfliktträchtige Gegend. Fast alle großen Kriege der letzten Jahre brachen hier aus. Darunter leidet nicht nur das kulturelle Erbe, wie die Ruinenstadt Persepolis oder die Zitadelle von Arbil. Auch unschätzbare Naturwunder wie Pamukkale oder das Wadi Qadisha sind bedroht. Wer dennoch den Mut findet, den Vorderen Orient und Zentralasien zu durchstreifen, wird mit Eindrücken belohnt, die nachfolgenden Generationen nicht mehr vergönnt sein könnten.

PAMUKKALE

Eine schneeweiße Kalkkruste – Sinter genannt – lagerte sich hier in Terrassenform auf dem darunterliegenden Gestein ab. Viele Tausend Jahre hat es gedauert, bis sich dieses einzigartige Naturmonument formte.

PAMUKKALE

Das warme Thermalwasser mit Heilwirkung ergießt sich von einem Kalksteinbecken ins nächste und lässt zwischen den Stufen bizarr wirkende Formationen entstehen.

In einer Höhe von etwa 100 Metern entspringen hier heiße Quellen einem Felsvorsprung des Berges Çökelez und fließen ins Tal. Die Ablagerungen des mineralhaltigen Wassers (Sinter) bildeten im Lauf der Zeit versteinerte Wasserfälle, Wälder aus Kalkstalaktiten sowie terrassenförmige Bassins und verwandelten Pamukkale in eine unwirklich erscheinende Welt. Die Farben erinnern ein wenig

an einen Gletscher und sein Schmelzwasser: Schneeweiß hebt sich das Kalkgestein der Terrassen vom Türkis des Wassers in den Naturbecken ab. Doch dieses Wasser ist 30 bis 40 °C heiß und enthält gelösten Kalk. Sobald es aus der Tiefe nach oben sprudelt, wird Kohlendioxid frei und lässt Kalk ausfallen, der auf den Felsen zurückbleibt. Der ganze Ort verdankt den schneeweißen Terrassen seinen Namen: Pamukkale heißt »Baumwollpalast«. Weil einige Hotels hier Thermalwasser abzapften, Brauchwasser wieder zurückleiteten und eine Straße oberhalb der Terrassen entlangführte, legte sich seit Mitte des 20. Jahrhunderts zunehmend ein Grauschleier über die Terrassen. Zum Glück konnten Schutzmaßnahmen diesen Prozess weitgehend rückgängig machen.

KAPPADOKIEN

Das Landschaftsbild von Kappadokien wird von bizarr geformtem Tuffstein bestimmt, in den zahlreiche Höhlenwohnungen und -kirchen geschlagen wurden.

Wenn man die fantastischen Felsformationen in Kappadokien im Herzen der Türkei sieht, stellt man sich nur eine Frage: Welche längst untergegangene Kultur hat sie erschaffen? Manche der Türme erinnern an ein Stonehenge mitten in Anatolien, andere an einen antiken griechischen Säulenwald und wieder andere an die Relikte einer rätselhaften mittelamerikanischen Hochkultur.

Es scheinen Bauwerke zu sein, die eindeutig nach den Vorgaben der menschlichen Ästhetik geformt sind und die an Wehrtürme oder Obelisken, Stupas oder Silos erinnern. Es schockiert fast, zu erfahren, dass gar nicht der Mensch, sondern die Natur Hand angelegt hat an Kappadokien. Ein permanentes Wechselspiel aus Vulkaneruptionen und Erstarrungen, aus heißer Erde und kalten Winden hat hier eine – geologisch gesehen – vollkommen chaotische Konstellation aus weichen und harten Gesteinsschichten entstehen lassen. Der fragile, extrem poröse Tuffstein wird bei jedem Regenguss und Sturm weggeschwemmt. Übrig bleibt das festere Gestein, das sich zu tollkühnen Formationen auftürmt. Das macht Kappadokien zu einem Skulpturenmuseum der Natur.

»Feenkamine« werden diese skurrilen Felsnadeln genannt, die von »Hütchen« aus härterem Tuffstein geschützt werden.

Vielleicht waren diese Bauwerke einmal die wehrhaften Paläste von Wüstenkönigen oder die Tempel von Göttern, deren Namen heute niemand mehr kennt. Kann man ahnen, dass es ganz anders ist?

Es waren auch nicht Außerirdische, die hier ihre Spuren hinterlassen haben, Bewohner ferner Galaxien, die mit unerklärlichen Kräften einen Phallus nach dem anderen aus dem Stein schnitzten.

Siebenmal größer als der Bodensee sind die Ausmaße des Vansees (hier ein Blick von der Insel Akdamar aus), den die Türken manchmal liebevoll »Meer des Ostens« nennen.

Sanft spiegelt sich der meist schneebedeckte Gipfel des Süphan Dağı in dem azurblauen Wasser des Vansees. Spiegelglatt liegt er in den Abendstunden in der goldenen Sonne. Dann färbt sich das Wasser des ostanatolischen Gewässers dunkelblau. Der größte Binnensee der Türkei wechselt je nach Sonneneinstrahlung seine Farbe von Türkisblau bis hin zu Lila. Er ist stark alkalisch und kann nicht abfließen, denn der Vulkan Nemrut Dağı versperrt seinen Abfluss. So ist Verdunstung der einzige Weg, auf dem das Wasser aus dem See verschwinden kann. Das hat zur Folge, dass sich der Mineraliengehalt des Gewässers immer stärker konzentriert.

Ähnlich wie im schottischen Loch Ness soll auch hier ein Seeungeheuer leben, es soll Dinosauriern ähneln. Handfeste Beweise für dessen Existenz gibt es natürlich nicht.

Hier tummeln sich unter anderem Karpfen, eines der wenigen Lebewesen neben Algen und Weißfischen, die bei den extremen Bedingungen des mehr als 450 Meter tiefen Sees überleben können. Dass sich ausländische Touristen in diese Gegend verirren, ist eher selten. So ist der Osten des Landes ursprünglich geblieben. Hier leben die Einwohner, die zum Großteil Kurden sind, noch fast ausschließlich von Ackerbau und Viehzucht. Der kulturelle Höhepunkt der Region ist die auf der Insel Akdamar errichtete armenische »Kirche zum Heiligen Kreuz«. Sie wurde 2007 restauriert, und im Jahr 2010 fand der erste christliche Gottesdienst in der Kirche statt.

TOTES MEER

Das Tote Meer wird vom Jordan gespeist, der im christlichen Glauben als Taufstätte Jesu eine besondere Bedeutung hat. Er transportiert Süßwasser in den See, das durch Verdunstung versalzt.

Die trocknenden Pfützen am Strand des Toten Meeres sehen wie funkelnde Edelsteine aus. An manchen Stellen ist ihr Salz derart auskristallisiert, dass die aneinanderklebenden Kegel kleine Staudämme bilden. Einige dieser Salzgebilde gleichen Statuen – kein Wunder also, dass sich schon Bibelautoren davon inspirieren und Lots Frau zu einer Salzsäule erstarren ließen. Am Westufer liegt die Stadt

Qumran, berühmt geworden durch die Schriftrollenfunde. Das Tote Meer selbst hat keinen Abfluss, sodass das Wasser nur verdunsten kann und sich somit der Salz- und Mineraliengehalt beständig erhöht. Immer wieder sieht man hier Touristen baden und dabei Zeitung lesen, denn die Konzentration von 33 Prozent Salz im Meer garantiert selbst Nichtschwimmern, dass sie vom Wasser getragen werden.

In natürlichen Töpfen vor dem Toten Meer hat sich Wasser gesammelt. Es verdunstet bei der starken Sonneneinstrahlung und hinterlässt eine dicke Salzkruste.

WADI RUM

Das Wadi Rum und die übrigen breiten Täler sind bis zu einer Höhe von rund 1000 Metern über dem Meeresniveau mit Sand gefüllt, der je nach Sonnenstand in allen Rottönen schillert.

Die sieben Säulen der Weisheit, von denen König Salomon sprach, stehen nicht hier. Doch genau hier hat sich der Autor des gleichnamigen Klassikers der Weltliteratur zu seinem Werk inspirieren lassen: Der britische Schriftsteller, Offizier und Geheimagent Thomas Edward Lawrence war 1917/18 im Wadi Rum stationiert. Er ließ sich von dieser erhabenen und gleichzeitig so brüchigen

Erosionslandschaft in ihren Bann schlagen, in der seit 30 Millionen Jahren der rote Sandstein von Wind und Wetter malträtiert und in immer bizarrere Formen gebracht wird. Das Wadi Rum heute neben der Felsenstadt Petra die größte Touristenattraktionen Jordaniens. Zu Hunderten kommen in der Hochsaison Besucher in die Beduinencamps, um unter freiem Himmel zu schlafen.

An den Flanken steigen steil die stark erodierten Gebirgsrücken, Hügelkuppen und Felsklippen auf, die vereinzelt bis in eine Höhe von fast 1800 Metern reichen.

In allen Rottönen schimmert Jordaniens größtes Wadi im Widerschein der Wüstensonne, von Glutrot bis Blassrot, von Blutrot bis Rosenrot. Und in der Dämmerung kommen noch Braun und Orange hinzu.

Die ganze monumentale Pracht und schweigende Schönheit der Wüste kann man im Wadi Rum erleben.
Seine Magie und Erhabenheit, aber auch sein Wasser ziehen die Menschen seit Jahrtausenden an.

RUB AL-KHALI

Sand, so weit das Auge reicht – und noch viel weiter, als es jemals reichen kann: Die Rub al-Khali auf der Arabischen Halbinsel ist unzugänglicher und unerforschter als jede andere Wüste der Erde.

Nicht einmal die Beduinen wagen es, der entsetzlichen Leere und alles Leben verbrennenden Hitze zu trotzen. Sie bleiben mit ihren Herden ehrfürchtig am Rand der Ödnis, weil sie wissen, dass ihr kein menschliches Wesen gewachsen ist – nicht der Rub al-Khali, der größten Sandwüste der Erde mit bis zu 300 Meter hohen Dünen voller Sandlöcher, die ganze Kamele verschlucken

können. Fast den gesamten Süden der Arabischen Halbinsel bedeckt die Rub al-Khali, 780 000 Quadratkilometer Staub und Sand, den gerade mal 50 Milliliter Niederschläge im Jahr benetzen. Es ist ein Universum aus grandioser Trostlosigkeit, das erst 1946 von einem Entdecker vollständig durchquert wurde: dem Briten Wilfred Thesiger, der trotzdem dem Reiz der Rub al-Khali verfiel.

So kunstvoll der Sand vom Wind auch geformt wird, so schnell kann er zur tödlichen Falle werden und halbe Karawanen versinken lassen – wenn sich denn überhaupt Menschen in die Rub al-Khali verirren.

SCHUTZGEBIET HAWF

Gut getarnt sind die Jemenchamäleons (unten links). Farbenprächtiger zeigen sich Graubrust-Paradiesschnäpper, Somalibrillenvögel, Waalietaube und Glanznektarvogel (im Uhrzeigersinn von oben Mitte).

Das Land zwischen Indischem Ozean und Rotem Meer ist geprägt von öder Steppe, Savanne und Wüste. Der einzige, echte Wald Jemens ist deswegen streng geschützt und für Touristen eher ein unbekanntes Terrain. Er befindet sich am äußersten Westzipfel des Landes, an der Grenze zum Oman. Die Berge in Küstennähe sorgen für sich stauende Wolken, bringen Nebel und somit Feuchtigkeit in

das sonst so trockene Land am Golf von Aden. Hier wächst und wuchert Grün, durch das die letzten Exemplare des Arabischen Leoparden streifen – immerhin das Nationaltier des Jemens. Auch wenn das touristische Angebot schmal ist, zumal der Jemen aufgrund der politischen Lage als unsicheres Reiseziel gilt, sollte jeder, der sich im Land aufhält, unbedingt das Schutzgebiet aufsuchen.

Im Nordwesten der Insel Sokotra liegt der 4000-Einwohner-Ort Qalansiyah, dessen Bewohner vor allem von der Fischerei leben. Hier finden sich nahezu unberührte Strandabschnitte.

Der 250 Kilometer lange Sokotra-Archipel mit seinen vier Hauptinseln Sokotra, Abd al-Kuri, Samha und Darsa liegt isoliert vor dem Horn von Afrika. Die Inseln zeichnen sich durch große biologische Vielfalt und zahlreiche endemische Pflanzen- und Tierarten aus. Wegen des reichen Vorkommens an Weihrauch, Myrrhe, Aloe und seiner strategisch günstigen Lage am Ausgang des

Golfs von Aden war der Archipel schon zur Zeit der ägyptischen Pharaonen ein Ziel von Seefahrern. Trotzdem blieben die Inseln bis ins späte 19. Jahrhundert in Europa weitgehend unbekannt. Die wissenschaftliche Erforschung von Sokotra setzte erst nach der politischen Öffnung des Jemen in den 1990er-Jahren ein. Die Hauptinsel Sokotra ist 3626 Quadratkilometer groß und erhebt sich bis auf 1503 Meter Meereshöhe. Geologisch bildet Sokotra die Fortsetzung des Horns von Afrika, mit dem es jedoch seit 15 Millionen Jahren keine Landverbindung mehr hat. Diese abgesonderte Lage begünstigte die Entwicklung einer ganz eigenen Flora und Fauna, wobei Landsäugetiere fehlen. 90 Prozent der Inselreptilien kommen nur hier vor.

Sokotra hat außergewöhnlich schöne Landschaften zu bieten, wie zum Beispiel die Flussmündung des Khor Sirhin mit dem dahinter liegenden Haggehergebirge.

In dem Mündungsgebiet ist die Vielfalt der Vogelwelt riesengroß; es finden sich Tüpfelsumpfhühner, Dommeln, Paddyreiher, Pirole und Grasmücken.

FLORA UND FAUNA DES SOKOTRA-ARCHIPELS

Zu den hiesigen Arten gehören neben dem Schmutzgeier (großes Bild) auch das Sokotra-Chamäleon, die *Edithcolea grandis* und die Blaue Jemen-Vogelspinne (Bildleiste von oben).

Schon der Weltreisende Marco Polo schrieb, die Einwohner von Sokotra seien allesamt Zauberer. Weil Flora und Fauna dort wie verwunschen wirken, als kämen sie aus einer anderen Welt. Mehr als ein Drittel der Pflanzenarten sind endemisch, kommen also nur hier vor. Dazu zählt auch das Symbol der Insel, der Drachenblutbaum. Seine Äste strecken sich weit verzweigt in den Himmel

wie ein umgedrehter Schirm. Auf diese Weise können die Blätter besser Feuchtigkeit aus dem Nebel ziehen. Zum verwunschenen Aussehen der Inselvegetation tragen auch die zahlreichen Wüstenrosen mit ihren dicken Bäuchen bei (links). Und auch die Tierwelt hat so manch ungewöhnliche Spezies hervorgebracht, besonders bei den Reptilien: 19 der 22 hiesigen Arten sind endemisch, so auch das seltene Sokotra-Chamäleon. Zu den einheimischen Vogelarten zählen der Sokotra-Sperling und der Sokotra-Gimpel. Und auch unter den Süßwasser- und Meeresbewohnern tummeln sich viele endemische Spezies, darunter auch eine seltene Süßwasserkrabbe, die *Socotra pseudocardisoma,* die in den Felstümpeln der karstigen Hochebenen lebt.

Auch wenn die auf Sokotra vorkommende *Caralluma socotrana*, ein Seidenpflanzengewächs, einmalig schön ist, hat sie doch einen großen Nachteil: Sie verströmt einen faulig-metallischen Gestank.

HALBINSEL MUSANDAM

Auf der Halbinsel Musandam gibt es viele ruhige Buchten wie etwa den fjordähnlichen Khor Najd. Die Natur ist hier noch nicht vom Menschen gezähmt.

Als vom Staat Oman abgetrennte Enklave im Norden der Arabischen Halbinsel ist Musandam ein kleines Tor zur Welt, vor allem zur iranischen, aber auch zur offiziell unerwünschten westlichen Welt. Händler – um nicht zu sagen Schmugglerwaren – finden einen bunten Umschlagsplatz in der Hauptstadt der Halbinsel, al-Chasab. Weltenbummler und Schnorchelfreunde machen sich von hier aus auf den Weg zu den nur per Boot erreichbaren Korallenriffen und zu den winzigen Fischerdörfern in den Fjorden. In Dörfern wie Sibi scheint die Zeit seit Jahrhunderten still gestanden zu sein, die niedrigen sandfarbenen Häuser wirken wie mit den Felsen verwachsen.

Geländegängige Fahrzeuge sind für Ausflüge ins Hajargebirge nötig, um die Schönheit dieser wilden Bergwelt mit ihren schroffen Felsen zu erkunden.

Die noch bis zu 2000 Meter hoch aufragenden rotbraunen Bergflanken des Hajargebirges werden von dem türkisblauen Meer der Straße von Hormus umspült, die das Arabische Meer mit dem Persischen Golf verbindet. Delfine tummeln sich auch im größten Fjord des »Norwegen Arabiens«, dem Khor Sham, begleiten in ihrer unermüdlichen Leichtigkeit die kleinen Fiberglas-Fischkutter und tauchen unter den riesigen Tankern hindurch, die auf der Meeresstraße Waren transportieren. Bunt schillernde Fischschwärme lassen es unter Wasser um einiges farbenfroher erscheinen als auf den dafür in allen Rot- und Brauntönen schimmernden nackten Felsen über Wasser.

HAJARGEBIRGE

Das über 3000 Meter hohe Hajargebirge zieht sich in einer leichten S-Linie längs der Küste von der Halbinsel Musandam im Norden bis zur Südostecke Arabiens.

Unwirtlich, schroff, zerklüftet, wild – das Hajargebirge gemahnt an manchen Stellen an die Erschaffung der Erde, bevor Tiere und Menschen sie zu bevölkern begannen. Der Eindruck täuscht. Auf dem Jebel Akhdar, dem Grünen Berg, wachsen die angeblich köstlichsten Granatäpfel der Welt. Wer Glück hat, sichtet an den steilen Hängen einen der seltenen Arabischen Tahre, eine Art Ziegen,

die zumeist allein durch die raue Wildnis ziehen. Und wer mutig ist, kann in eines der Süßwasserbecken springen, etwa im Wadi bani Khalid, der berühmten Oase inmitten der Gebirgswüste. Der mächtigste Gipfel der direkt aus dem Meer ragenden Bergkette ist der über 3000 Meter hohe Jebel Shams. Auf einem Plateau in 2400 Metern Höhe genießen Wanderer spektakuläre Sonnenuntergänge.

Das Wadi Ghul gilt auch als »arabischer Grand Canyon«. Bis zu 1000 Meter sind die steilen Felswände hier hoch – das Panorama ist dementsprechend schwindelerregend.

RIMAL AL WAHIBA

Bis zu 150 Meter hoch und Millionen Jahre alt sind die Dünen der Wahiba-Wüste. Längst nicht so unwirtlich wie meist behauptet, ist die Wüste Heimat zahlreicher Pflanzen- und Tierarten.

Orangerot leuchten die Dünen im Norden, wo der Sand ein Erosionsprodukt des Gebirges ist, während im Süden die fein zermahlenen Überreste einstiger Muschelbänke weißen Sand lieferten.

Grob unterscheidet man Stein- und Sandwüsten. Die kleine Rimal Al Wahiba im Osten des Omans ist ein klassischer Vertreter der letzteren Art, der mit einer geologischen Besonderheit aufwartet: versteinerten Sanddünen, den Aeolianiten. Goldgelb und majestätisch bannen sie die flirrende Beweglichkeit der Wüste in einmalige Formen. Vor allem die Abbruchkanten an der Küste lohnen einen Abstecher. Zwischen den der Hitze und Trockenheit trotzenden Ghafbäumen an den östlichen Ausläufern der Wüste lagern Beduinen mit ihren Herden. Auf den Kamelen reisen heute nur noch neugierige Ausländer, die der Wüste einen Besuch abstatten. Die Nomaden selbst bevorzugen Allradantrieb.

DASHT-E KAVIR

Salzkrusten überziehen große Teile der ausgedehnten Großen Salzwüste, der Dasht-e Kavir. Weite Teile dieser Wüste im Norden des Iran sind noch unerforscht.

Wie ein filigraner Webteppich wirken die von Rissen durchzogenen Salzpfannen mit ihren harten Krusten. Doch der feste Eindruck täuscht: Die Salzplatten sind äußerst fragil und brüchig.

Das als Große Salzwüste (Dasht-e Kavir) bezeichnete Trockengebiet erstreckt sich im Norden des Iran, im Südwesten und Norden wird es von Hochgebirgen wie Zagros und Elburs begrenzt. Sie schirmen den Niederschlag ab. Die nordwestlichen Ausläufer der rund 200 000 Quadratkilometer großen Wüste reichen bis an die Randbezirke der Hauptstadt Teheran. Das Gebiet der Großen

Salzwüste wurde in früheren Zeiten von einem ausgedehnten Binnenmeer eingenommen, das aber über keinerlei Abfluss verfügte. Zuflüsse aus den umrahmenden Gebirgen verfrachteten in großen Mengen Gesteinsmaterial und Salz in dieses Binnengewässer. Sehr hohe Temperaturen resultierten in entsprechenden Verdunstungsraten, die auskristallisierten Salze akkumulierten zu mächtigen Schichten. Salzpfannen und Salzseen sind verbreitete Phänomene, einzelne Salzdome überragen die karge Oberfläche um mehrere Hundert Meter. Insgesamt präsentiert sich die Große Salzwüste als Welt aus Salz und Stein, nur kleinere Gebiete sind mit Sand bedeckt. Menschliche Besiedlung in dieser lebensfeindlichen Region beschränkt sich auf nur wenige Oasenstädte.

Der Wundergecko mit seinen schlangenähnlichen Tarnschuppen kommt mit nur spärlicher Vegetation aus und ernährt sich hauptsächlich von kleinen Insekten, die er in der Lut vorfindet.

Der Naturraum der Dasht-e Lut zeigt ein breites Spektrum an Oberflächenformen und -bedeckungen, die einem steten Wandel durch Erosion, Wind und auch auftretetende Flussläufe ausgesetzt sind.

Zu den heißesten Trockengebieten der Erde gehört die Wüste Lut (Dasht-e Lut). Mit einer Fläche von 170 000 Quadratkilometern zählt die sich im Südosten des Iran erstreckende Wüste darüber hinaus auch zu den größten in Asien. Die Lut ist bekannt für viele bizarr gestaltete Felsformationen, die das Ergebnis der Abtragung durch Wind und Wasser über geologisch lange Zeiträume sind. Ausgedehnte Stein- und Geröllfelder sind für diese Wüste ebenso typisch wie sandige Abschnitte, aus denen sich Dünenfelder erheben. Trotz der ausgeprägten Trockenheit, die über weite Teile des Jahres herrscht, sind episodische Bäche und Flüsse ein verbreitetes Phänomen. Das Wasser der Niederschläge sammelt sich in Trockentälern, in deren Umgebung Pflanzenwuchs möglich ist.

»Tor zur Hölle«: Der von Menschen in Brand gesetzte Schlund bleibt ein Symbol für die schier unerschöpflichen Gasvorkommen unter Turkmenistan und lockt Schaulustige und Touristen an.

Orange glühen seine Flammen, lodern in der Nacht und beleuchten die ansonsten schwarze Wüste. Ein Höllenschlund, wie man sich in Märchen den Eingang zur Unterwelt vorstellt. In der Wüste Karakum waren jedoch weder der Teufel noch der Beelzebub unterwegs, sondern Menschen am Werk. Wenn eine Wüste 90 Prozent der Staatsfläche einnimmt, muss die Regierung

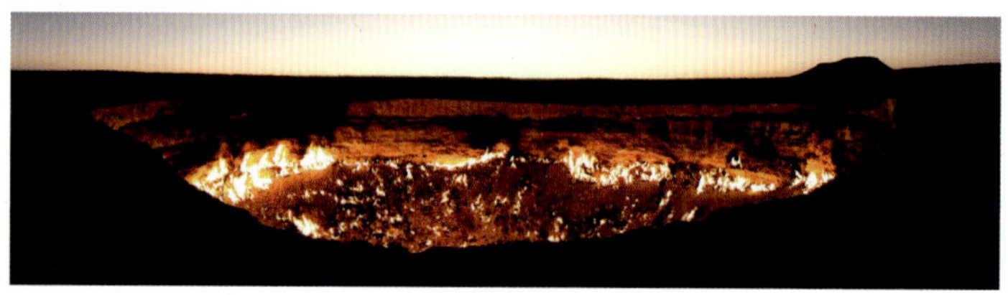

Alternativen zur Landwirtschaft suchen. Deswegen sollte im Jahr 1971 eine Probebohrung ein Erdgasfeld sondieren. Leider trafen die Fachleute dabei auf einen unterirdischen Hohlraum, und die Bohrgeräte brachen ein. Um das austretende Erdgas unschädlich zu machen, beschlossen die Bohrexperten, es abzufackeln. In diesem Derweze-Krater brennt das Feuer bis heute.

Bis an den Rand der brennenden Erdgasreserven können Neugierige sich wagen, um das menschengemachte Wunder des Derweze-Kraters in der Karakum-Wüste zu sehen.

EURASISCHE STEPPE

Dramatische Wolkenbilder zeigen sich in der Weite der Eurasischen Steppe. An manchen Stellen schaffen es sogar Büsche oder kleine Bäume, sich gegen Winde und Temperaturschwankungen zu behaupten.

Die Mongolei und Ungarn scheint auf den ersten Blick nichts zu verbinden, immerhin 7000 Kilometer liegen zwischen beiden Ländern. Aber ebendiese Kilometer sind besonders, denn auf ihnen erstreckt sich die Eurasische Steppe, sie ist die größte der Welt und verbindet die Wüste Gobi mit der Puszta. Einst durchstreiften Tapire die Gräser. Wie die Pferde heute brachten ursprünglich Millionen von Saiga-Antilopen den Boden zum Beben. Inzwischen ist diese Antilope eine der am stärksten bedrohten Arten der Welt. Wilderei und landwirtschaftliche Nutzung reduzieren die Bestände erheblich. Nicht nur schlecht für die Biodiversität, sondern auch für die einmalige Landschaft, denn die Antilopen und Pferde halten als natürliche Landschaftspfleger das Gras kurz. Was nach eintöniger Grasfläche aussieht, überrascht beim näheren Hinsehen mit botanischer Vielfalt. Allein mehr als 1500 Pflanzenarten wurden in der Eurasischen Steppe gezählt. Die Feuchtgebiete geben Millionen von Vögeln ein Zuhause, darunter Steppenadlern und Rötelfalken. Sie leben mit den Extremen. Temperaturschwankungen bis zu 80 Grad zwischen Sommer und Winter sind keine Seltenheit.

Das Urpferd ist heute ausgestorben, aber die Steppe ist noch heute Heimat der letzten Wildpferde dieser Erde, die starken Winden und ausgedehnten Dürrezeiten trotzen.

EURASISCHE STEPPE

Von April bis Mai werden manche Gebiete der Eurasischen Steppe in ein leuchtendes Gelb getaucht. Dann blühen die Frühlingsadonisröschen, und ihre gelben Blüten überziehen kilometerweit das Land.

Überhaupt ist die Flora der Steppe überaus abwechslungsreich und gar nicht so monoton, wie sie von Weitem erscheinen mag. Vor allem die Vielfalt der Gräser ist für Botaniker ein weites Forschungsfeld.

SCHARYN-CANYON

»Tal der Burgen« heißt der besonders spektakuläre Abschnitt des Scharyn-Canyons. Nicht nur die Felsformationen sind einmalig, in dem Reservat kommen auch 1500 verschiedene Pflanzenarten vor.

SCHARYN-CANYON

Unter Botanikern ruft eine uralte Eschenart, die bis in die Eiszeit zurückgeht, Begeisterung hervor. Vom uigurischen Wort für Esche, »scharyn«, beziehen auch Fluss und Canyon ihre Namen.

Seit drei Millionen Jahren spielen Felsen und Fluss ihr Spiel. Damals begann sich das Land zu erheben, und der oben gelegene See lief leer. Er verwandelte sich in einen Fluss, dessen Wasser die weichen Sandsteine umspülte, sich mit seiner Kraft Stückchen des Felsens abzupfte und sie mit auf seine Reise nahm. Die kleinen Gesteinsbrocken zermahlten sich im Lauf der Flussfahrt zu Sand, und

der Felsen sieht heute aus wie von einem Steinmetz behauen. Ein Schauspiel, das vielen vom Grand Canyon bekannt ist, deswegen wird der Scharyn-Canyon auch oft als kleiner Bruder des US-amerikanischen Naturwunders bezeichnet. Manche der verbleibenden Felsen erinnern an Türme von Burgruinen, andere an Gedenksteine – alles in einer sanft rostroten Farbe. Besonders bei Sonnenauf- und untergängen scheinen die Steine zu leuchten. Die in der Nähe der chinesischen Grenze gelegene Schlucht ist rund 150 Kilometer lang und 300 Meter tief. Am schönsten lässt sie sich bei einer Wanderung erkunden, bei der man bergab zum Fluss Scharyn läuft. Obwohl Schlangen und Skorpione in den Felsnischen leben, zeigen sie sich selten, ebenso wenig wie die Erdhörnchen.

NP ALA ARCHA

Steile Hänge und ewiges Eis locken Kletterfreunde aus aller Welt in die Berge des kirgisischen Alatau. Höchster Gipfel des Gebirgszugs ist der Pik Semjonow-Tjan-Schanski.

Heiligen Rauch soll er erzeugen, wenn er verbrennt – der Wacholder wird von vielen Kulturen als natürliches Räucherwerk sehr geschätzt. In Tibet wie in der Mongolei oder eben hier in Kirgisistan qualmen die zermahlenen Blätter der Pflanze bei Ritualen und Reinigungszeremonien, denn ihr Rauch soll böse Geister vertreiben. Wacholder ist die dominierende Pflanze des Hochgebirgsnati-

onalparks und allein mit drei verschiedenen Arten vertreten. Insgesamt wurden hier mehr als 900 unterschiedliche Pflanzenarten festgestellt. Besucher erfreuen sich vor allem an der endemischen Zenaida-Wildtulpe, wenn sie im Frühling ihre Blütenpracht entfaltet. Im Nationalpark ist die Jagd verboten, deswegen ist es wahrscheinlich, dass man auf den Streifzügen entlang der Flüsse und Wasserfälle ab und an auf Steinböcke oder Mönchsgeier trifft. Aber auch die feisten Himalaya-Murmeltiere lassen sich mitunter blicken. Elegante Schneeleoparden durchstreifen ihr Revier in den bis zu 4895 Meter hohen Bergen eher unbemerkt. Dabei kommen sie immer wieder an Gletschergebiete, bis zu 20 Flächen des ewigen Eises haben sich hier gehalten.

Leider verkleinern sich die Gletscherflächen unaufhörlich und dokumentieren mit ihrem Schmelzen den Klimawandel auf unserer Erde.

KÖL ÜKÖK

Jenseits der Zivilisation liegt der See Köl Ükök, 3000 Meter hoch. Mit seinem Farbspiel und dem grünlich schimmernden Wasser sorgt er für bleibende Erinnerungen bei den Reisenden.

Als hätte jemand grünen Flausch über sanft ansteigende Berge geworfen, so breitet sich die dünne Vegetation rund um den Bergsee Köl Ükök aus. In der kurzen Vegetationsperiode von Juni bis September muss das Gras schnell wachsen, denn spätestens im Oktober fallen schon wieder die ersten Schneeflocken. Die Nomadenfamilien nehmen es gelassen und leben wie ihre Ahnen

Jahrhunderte zuvor. Im Winter suchen sie Schutz im Tal, im Sommer campieren sie mit ihren Rundzelten auf den hohen Almen. Die im See gefangenen Fische gehören zu ihrer Nahrung. 3000 Meter hoch liegt der Ükök-See. Es ist auch fast drei Kilometer lang und gilt als ein beliebtes Reiseziel für Touristen, die die Landschaft auf dem Pferderücken erkunden möchten.

Vor allem im Frühjahr zeigt die Hochgebirgsfauna ihr schönstes Gesicht, wenn Edelweiß und Disteln blühen und zwischen den Gräsern für zarte Abwechslung sorgen.

Wenn Staatschefs in einsame Gegenden vordringen, hat das mitunter auch sein Gutes: Als der russische Staatspräsident Boris Jelzin Mitte der 1990er-Jahre an den Hochgebirgssee Song Köl kam, wurden die buckeligen Pisten mittels schwerer Bulldozer zu Straßen geplättet. Ein Aufwand, der die Anreise an den entlegenen Bergsee noch heute erleichtert. Das zweitgrößte Gewässer im Binnenstaat erinnert mit seinen knapp 30 Kilometern Länge eher an ein Meer als an einen See. Eingebettet ist der Song Köl in eine typische Hochgebirgslandschaft. Gletscher und Moränen beherrschen die höheren Lagen und versorgen die Täler mit Schmelzwasser. Das trinken nicht nur die Schneeleoparden gern, die ebenso wie Steinböcke und Murmeltiere die Gegend durchstreifen.

SONG KÖL

Selbst im Sommer schwimmen noch Eisflächen auf dem See, weil das Gefrorene in dem kalten Wasser nur langsam schmilzt. Wenn abenteuerlustige Touristen im Rhythmus der Pferde die Steppe erobern, bleibt die

Hektik der modernen Welt Tausende von Kilometern entfernt. Richtige Trekkingfans starten von hier aus ihre Wanderung in die einsamen Berge.

Die talführenden Kräfte der großen Gletscher im Tian Shan zeigen sich eindrucksvoll in den in die Felsen gefrästen Vertiefungen des Gebirges.

Unter den »Himmlischen Bergen«, wie die Gebirgskette im Chinesischen auch genannt wird, schlummert der Reichtum Kirgisistans: Riesige Vorräte an Gold und Seltenen Erden liegen hier verborgen, deswegen wird die Gebirgskette, die bis nach Usbekistan und Tadschikistan reicht, unter Geologen auch »Goldener Gürtel« genannt. Es ist eines der größten Goldvorkommen weltweit und Bergbauunternehmen haben großes Interesse, die Abbaugebiete weiter auszudehnen. Das aber steht im großen Konflikt zur Ökologie, denn das Gebiet wurde erst kürzlich als Weltnaturerbe anerkannt, vor allem weil es ein wichtiges Streifgebiet der bedrohten Schneeleoparden darstellt. Das Gebirge, das sich von Ost nach West erstreckt, zählt zu den größten Gletschern Zentralasiens. Immerhin 10 000 Quadratkilometer Fläche sind mit ewigem Eis bedeckt, die größte Gletscherfläche liegt dabei in Kirgisistan. Hier befindet sich auch einer der größten Zentralgletscher der Erde, der Engiltschek-Gletscher. Obwohl das Schmelzwasser in die benachbarten Täler und Flüsse dringt, erreicht es doch niemals das Meer, da es in der chinesischen Taklamakan-Wüste versickert.

Zielstrebig sucht sich das Schmelzwasser seinen Weg zum Ala Köl. Der See liegt auf knapp 3560 Meter Höhe und wird nicht nur vom Gletscher, sondern auch vom Fluss Karakol versorgt.

Unwirklich wirkt der tiefblaue Gletschersee inmitten dem Weiß des ewigen Eises. Rund um die Stadt Karakol ist der Tian Shan ein beliebtes Trekkinggebiet, das immer wieder solch faszinierende Bilder bietet.

In den Karakol-Bergen, einem Teil des Tian Shan, leben die Nomaden hauptsächlich von der Viehzucht. Pferde sind ihnen dabei wertvolle Helfer.

Wenn das Sonnenlicht ihre beigeweißen Blüten erreicht, glänzen die vielen kleinen Fäden wie Seide. Im Frühjahr, wenn im Tian-Shan-Gebirge der Regen fällt, beginnt die wilde Zeit auf den Wiesen. Wo zuvor Gras gewachsen ist, tauchen fast über Nacht die Blüten von Wollgras oder Meerträubel auf. Sie müssen sich beeilen, die Vegetationsphase in den Bergen ist sehr kurz. Doch die vielen Vögel wie Rebhühner oder Stelzen helfen ihnen eifrig bei der Samenverteilung, ebenso wie Hamster, Hermeline und Füchse, die die Kapseln in ihrem Fell mit auf die Reise durch die Bergtäler nehmen. Und auch Pferde tragen zur Verbreitung der Bergkräuter bei.

Der Tadschikische Nationalpark nimmt fast das gesamte Pamirgebirge ein, das mit Bergen über 7000 Metern das dritthöchste Ökosystem der Welt darstellt. Intensiv blau strahlt hier der klare Ak-Balyk-See.

Karg, aber gleichzeitig sehr abwechslungsreich und wildromantisch – so präsentiert sich die Natur im Pamir. Himalaya, Karakorum, Hindukusch, Kunlun und Tian Shan – sie alle strahlen von diesem Gebirge aus.

Das Pamirgebirge, das fast vollständig als Nationalpark geschützt ist, ist geologisch sehr aktiv. Vor rund 100 Jahren entstand durch ein Erdbeben der tiefblaue Saressee: Ein riesiger Bergsturz verschüttete das Dorf Usoi und sperrte das Tal vollständig ab. Der größte See des Pamir, der Karakulsee, ging vor rund fünf Millionen Jahren aus einem Meteoritenkrater hervor. Trotz der extremen Temperaturschwankungen zwischen Tag und Nacht und zwischen den Jahreszeiten beherbergt der Pamir eine reiche alpine Flora überwiegend zentralasiatischen Ursprungs. Neben zahlreichen bedrohten Vogelarten leben hier u. a. der seltene Schneeleopard, das Argalischaf und der Steinbock.

HINDUKUSCH

Das Leben am Hindukusch ist ärmlich und ländlich geprägt. Yaks sind für viele Familien wertvolle Lieferanten von Fleisch und Milch und werden beizeiten auch als Reittiere eingesetzt.

Mit einer eindeutigen Norddrift bewegt sich die Indische Erdplatte stetig vorwärts. Lag sie einst auf der Höhe des heutigen Südafrika, kollidierte sie vor 40 Millionen Jahren mit dem eurasischen Kontinent. Mit ihrem kaum zu stoppenden Vorwärtsdrang hat sie auch den Hindukusch aufgeworfen. Bis heute wächst das Faltgebirge stetig. Der Name ist in letzter Zeit immer wieder mit Kampfhandlungen in

Verbindung gebracht worden, da sich vor allem in den Südflanken Taliban-Milizen verstecken. Doch den Hindukusch nur auf Terror und Kämpfe zu reduzieren, würde ihm nicht gerecht. Schon Alexander der Große überschritt im 4. Jahrhundert die Pässe des Hindukusch. Das die 7000-Meter-Grenze überschreitende Gebirge ist berüchtigt für seine gefährlichen Passstraßen. Während die Gipfel schneebedeckt sind und über die ansonsten so karge Landschaft ragen, gleichen einige Täler grünen Gärten Eden mit Pistazienbäumen, Tamarisken und Steineichen. Hier wird auch Klatschmohn angebaut, 90 Prozent der Weltopiumproduktion stammen aus Afghanistan. Inzwischen versucht man, die Rauschgifte durch den Anbau von Safran zu ersetzen, der ähnlich hohe Erträge erzielt.

BAND-E-AMIR-SEEN

Extrem trocken ist die Umgebung der Band-e-Amir-Seen. Das Gebiet nahe dem Hindukusch wurde Afghanistans erster Nationalpark und soll den Tourismus im Land ankurbeln.

Manche der Felsen sehen aus wie lange Stelen; man möchte glauben, hier hatten Zauberer die Hände im Spiel, vor allem, wenn sie sich im saphirblau schillernden Wasser der Seen spiegeln. Kein Zauberer, aber der Schwiegersohn des Propheten Mohammed soll der Legende nach an der Entstehung der Seen mitgewirkt haben. Verstoßen von seinem Schwiegervater, musste Ali

ins Exil und kam so nach Afghanistan. Dort wurde er von einem Fürsten verfolgt. Ali flüchtete in die Berge – und auf der Flucht löste er einen Erdrutsch aus, der den Fluss zu einem See anstaute. Ob sich Ali tatsächlich vor mehr als 1400 Jahren in der Region aufgehalten hat, ist unklar. Sicher ist, dass die Seen bis heute eine einzigartige Ausstrahlung haben. Das Gebiet ist menschenleer, so weit das Auge reicht und seit 2009 als Nationalpark anerkannt. Helles Travertingestein charakterisiert die Gegend und sorgt für Kontraste mit dem Wasser. An manchen Stellen haben Salze Dämme gebaut, die das Wasser wie in einem Bassin halten. Die Umgebung ist eher von wenig Niederschlag geprägt, und das Wasser der Seen bietet den Menschen den einzigen Trinkwasservorrat.

SÜDASIEN

Zwischen Afghanistan und Sri Lanka wohnt mehr als ein Fünftel der Weltbevölkerung, allein die Inder machen schon einen Anteil von einer Milliarde Menschen aus. Sie leben zwar allesamt in landschaftlich einmaligen Regionen wie etwa dem Nanga Parbat, dem Hindukusch, der Wüste Thar oder dem bunten Rajasthan, doch zählen sie ebenso zu den ärmsten Völkern der Welt. Umso wichtiger ist es wohl, dort den Tourismus auf nachhaltige Weise anzukurbeln, damit die Einnahmen aus Touren zu den Nashörnern, Tigern, Elefanten oder Berggipfeln auch bei denen ankommen, die sie wirklich brauchen – den Menschen vor Ort.

KARAKORUM

Seinem Namen macht der Karakorum im Norden Kashmirs alle Ehre. »Schwarzes Geröll« bedeutet er. Manchmal aber hellt sich seine Seele plötzlich auf, und er erstrahlt in in himmelblauen Farben.

Vor 1500 Jahren kämpfte sich der chinesische Pilger Faxian auf der Suche nach buddhistischen Heiligtümern durch die tiefsten Tiefen und taumelndsten Höhen des Himalaya. Eines Tages gelangte er in den Karakorum und erstarrte vor Schreck und Ehrfurcht. Die Berge, schrieb er später, seien hier »eine Wand aus Stein, die vom Indus auf 10000 Fuß emporsteigen«. Bis heute steht man wie erstarrt vor dem Karakorum, das sich vollkommen unvermittelt bis zu 5500 Meter hoch aus der Ebene emporstemmt, als sei es die Festungsmauer des Himmels, gekrönt vom K2, dem zweithöchsten Berg der Erde. Rauer und schroffer ist der Himalaya nirgendwo, und die Wildheit der Natur überträgt sich auf die Menschen. Als es den ungarischen Archäologen Sir Aurel Stein auf der Suche nach den Spuren Alexanders des Großen hierher verschlug, schauderte es ihn vor den »gesetzlosen Gemeinden« dieser Gegend, die sich bis aufs Messer befehdeten und im Blutracherausch Familien ausrotteten. Es ist eine Welt jenseits der Welt, in die spät der Fortschritt kam – so spät, dass die Bewohner den ersten Jeeps, die im Karakorum auftauchten, Heu als Futter anboten.

Kein Achttausender ist schwieriger zu bezwingen: der 8611 Meter hohe K2 zwischen China und Pakistan (Bildleiste oben). Der spektakulären Gasherbrum IV (großes Bild) gab einer ganzen Berggruppe den Namen.

DER DRITTE POL – GLETSCHER IM KARAKORUM

Zu den Besonderheiten im Karakorum gehört, dass hier das Eis wächst, statt wie überall sonst auf der Erde zu schmelzen. Die Klimaerwärmung betrifft dieses wilde Gebirge offenbar noch nicht.

Nordpol, Südpol, Karakorum – so lernen es Kinder nicht im Erdkundeunterricht. Aber die gigantischen Eismassen des Gebirges haben sich umgangssprachlich zum »Dritten Pol« der Erde herauskristallisiert. Die Gesamtgletscherfläche von mehr als 20000 Quadratkilometern, die sich über die wilde schroffe Hochgebirgslandschaft des Karakorums ergießt, rechtfertigt die Benennung.

Der Blick gleitet nicht über eine schier unendliche Eisfläche wie an den Polen, sondern bricht sich an den Sieben- und Achttausendern, verweilt zwischen kargen Gesteinsriesen und schattigen Gebirgstälern. Zugleich öffnet er sich für das Eigenleben, den Eigensinn, die Individualität eines jeden Gletschers. Gänzlich unberührt von den politischen Verwerfungen in der Region erzählen die uralten Eisriesen von einer Erde, auf der noch keine Menschen sangen. Der längste Gletscher des Gebiets ist der Siachen-Gletscher mit 74 Kilometern Länge. Mit seinen einzigartigen Eispyramiden, die wie glazile Segelschiffe zu Tal gleiten, imponiert der Baltoro-Gletscher. Und am weitesten in die Menschenwelt hinein wagt sich der schöne Chogo-Lungma-Gletscher.

TRANGO-TÜRME

Die Trango-Türme sind die markantesten Erhebungen im Karakorum. Hier ragen der Great Trango Tower auf der linken und der Nameless Tower auf der rechten Seite in die Höhe.

Der Karakorum ist mit den Achttausendern K2, Gasherbrum I und II sowie Broad Peak das Ziel der ambitioniertesten Alpinisten der Welt. Auf ihrem Weg über den Baltorogletscher fällt ihr Blick auf markante Granitspitzen – die Trango-Türme. Diese ragen auf der Nordseite des Baltoro-Gletschers aus einem nordwest-südöstlich verlaufenden Bergrücken zwischen dem Trango-Gletscher im Westen und dem Dunge-Gletscher im Osten hervor. Insgesamt handelt es sich um vier Gipfel, die höchste Erhebung ist der Great Trango Tower (6287 Meter). Mit 1600 Metern zählt seine Ostwand zu den höchsten Wänden der Welt, die Ehrfurcht gebietenden senkrechten Wände sind von tiefen, mit Schnee und Eis gefüllten Rinnen durchzogen, die einen Aufstieg erschweren. Der

spektakulärste Gipfel ist jedoch der Nameless Tower. Die 6251 Meter hohe, fast symmetrisch geformte Felsnadel hebt sich rund 1000 Meter aus dem Höhenzug heraus. An den fast senkrechten Wänden versuchten sich zahlreiche Extremkletterer, erstmalig erfolgreich waren im Jahr 1976 britische Bergsteiger, die die Route über die Südwestwand wählten.

SHIGAR-TAL

Jede Gegend hat ihre beste Reisezeit. Für Fotografen sind September und Oktober ideale Monate, um die Täler im Baltistan zu durchstreifen. Noch kein Winter, aber auch keine Sommerhitze mehr, dafür jede Menge

Wild, weit und ursprünglich ist das vom Fluss Shigar geprägte Tal nördlich von Skardu, in dem sich die trägen Wassermassen des Shigar in den Indus wälzen. Die Bergsteiger auf dem Weg zum K2 oder dem berühmten Baltoro-Gletscher durchqueren das gastfreundliche und fast unberührt wirkende Gebiet zumeist in Jeeps, ohne Zwischenhalt. Das ist vermutlich einer der Gründe, warum das Leben im Tal so wirkt, als verliefe es seit Jahrhunderten so. Ziegen- und Schafherden grasen neben der Straße, stolze kleine Steinhäuser in den Dörfern des Distriktes trotzen der Zeit, neugierige Kinder winken den Vorbeifahrenden zu und gesellen sich dann wieder zu ihren Spielkameraden.

schöne Naturarrangements. Im Herbst sind die Kontraste zwischen den sich golden, orange und rot färbenden Blättern der Bäume im Tal und den Grauschattierungen der Berge ringsum am prägnantesten.

In den Bergbächen, die ins Tal kollern, waschen die Frauen noch wie früher ihre Wäsche, singend, lachend und Geschichten austauschend. Unzählige kulturelle Überreste wie Felszeichnungen und Ruinen aus teilweise präislamischen Zeiten finden sich verstreut im ganzen Tal, nicht alle sind schon dokumentiert. In Shigar, dem wichtigsten Ort auf der Strecke, wurden Bauwerke wie das hölzerne Astana-Grabmonument des islamischen Heiligen Sayyed Mir Yahya von 1713 restauriert. Auch die filigran verzierte Khilingrong-Moschee lohnt einen Abstecher. Besucher sind in dem touristisch unerschlossenen Gebiet allerdings weitestgehend auf sich allein gestellt.

SKARDU-TAL

Im April und im August fällt im Tal der meiste Regen. Da es nicht bis an die 3000 Meter heranreicht, sondern größtenteils unter 2500 Metern liegt, ist es von März bis November weitestgehend schneefrei.

In diesem Tal tummeln sich von Mitte März bis weit in den Oktober hinein Bergtouristen aus aller Herren Länder. Von der darauf vorbereiteten Stadt Skardu aus lässt sich unter anderem zur Deosai-Hochebene gelangen sowie zu vielen der begehrten Achttausender im Gebiet wie dem sagenumwobenen K2, dem mit 8611 Metern zweithöchsten Berg der Erde. Wer im Sommer im Skardu-Tal ankommt, landet in einer flirrenden Atmosphäre von Vorfreude und Aufregung der Bergbegeisterten und von Gelegenheitsgeschäfte witternden einheimischen Kleinhändlern. Ein Hauch Abenteuer liegt über der auch per Flugzeug erreichbaren Stadt. An ihr vorbei schlängelt sich der Fluss Indus

Während mehrtägiger Trekkingtouren kann mit viel Glück im Geröll der umliegenden Berge ein Aquamarin oder gar ein Rubinkristall gefunden werden. Granitische Pegmatite sind keine Seltenheit in der Region.

gemächlich und breit durch das nur zehn Meter breite Skardu-Tal, vorbei an dem hoch oben thronenden verfallenden Fort Karpocche. Die kleine verwitterte Moschee im Fort hat ihre eigene Würde bewahrt inmitten des der Zeit und den Wetterkräften geschuldeten Zerfalls. Der Indus zeigt viele Gesichter auf seinem Weg durch das etwa 40 Kilometer lange Tal, wird zwischendurch fast zum See, springt dann wieder wie ein munterer Gebirgsbach über rundgeschliffene Steine. Der kraftvolle Satpara-See, zwischen kargen Bergriesen gelegen, bietet ein lohnendes Fotomotiv und erzeugt dank des Staudamms am See auch Strom für die umliegenden Dörfer und Städte.

NP DEOSAI

Blauer Himmel kann sich nicht nur im Wasser spiegeln. Auch Blumen wie dieser blaue Blütenteppich im Deosai-Nationalpark werden manchmal zu Abbildern des wolkenlosen Firmaments.

Es gibt Orte auf der Welt, die geben eine traumhafte Fotokulisse ab, sind aber im Ganzen gar nicht sehenswert. Es gibt auch wirklich schöne Orte, die kaum fotogen sind. Und es gibt den Nationalpark Deosai, in dem alles stimmt. Vor allem zum Schutz des Himalaya-Braunbären entstand dieses kleine Paradies in mehr als 4000 Metern Höhe, in dem Tausende alpiner Blumen blühen, Schneeleoparden

Murmeltiere jagen und der Lämmergeier am Himmel kreist. Das zweithöchste Hochplateau der Welt ist schwer erreichbar, doch im Sommer, wenn die zartrosa Blüten des Mannsschilds, das Purpurrot des Teppichknöterichs oder die zerbrechlich wirkenden dottergelben Steinbrech-Blüten im satten Grün der Graslandschaft leuchten, lässt der Park bei Wanderern das Herz höher schlagen.

Würde nicht eine Kameralinse, sondern die Augen eines Schneeleoparden diese Szenerie einfangen, dann hätte das soeben in seinem Bau verschwindende Murmeltier ziemlich Glück gehabt.

NANGA PARBAT

In der Mitte des Bildes ragt entrückt und majestätisch der Nanga Parbat auf. Er scheint zugleich zu locken und zu warnen. Kleines Bild: Manchmal trägt er seine Nebelkrone, der einsame Bergkönig.

Ein nackter König, der nicht nur diejenigen tötet, die ihn nicht ernst genug nehmen, ist der Nanga Parbat. Seine 8125 Meter ragen einsam und mächtig im westlichen Himalaya auf. Übersetzt heißt Nanga Parbat »Nackter Berg«, doch die Einheimischen nennen ihn auch »Diamir«, also König. Noch keiner Expedition ist die Winterbesteigung des an seiner Spitze fast schneefreien Bergriesens gelungen. Die zahlreichen Sommerexpeditionen verzeichnen immer wieder große Verluste. Nicht oft erlauben die politischen Verhältnisse überhaupt eine Annäherung. Wenn sie Bergliebhabern günstig sind und glücklicherweise auch die meteorologischen Gegebenheiten vor Ort stimmen, lohnt selbst für Nichtalpinisten der Aufstieg zur sogenannten »Märchenwiese«. Dort weiden in mehr als 3000 Meter Höhe Ziegen auf saftig-grünen Hängen. Einige Hütten und ein Zeltplatz bieten mutigen Besuchern Übernachtungsmöglichkeiten. In der Abendsonne gütig lächelnd ragt der Bergkönig über der Wiese auf und nimmt auch dem Tod ein wenig seinen Stachel. Denn wer mit einem König wie ihm ringt, fordert schließlich sehenden Auges sein Schicksal heraus.

Nicht nur der Bruder Reinhold Messners verlor an diesem Berg sein Leben. Mehr als 70 Tote verzeichnen die Chroniken. Doch gerade wegen seiner Gefährlichkeit lockt er immer neue Expeditionen.

HUNZA-TAL

Der gewaltige Passu-Gletscher schwindet seit Jahrzehnten, und so entstand an seinen Ausläufern ab 1989 der gleichnamige See, dessen Wasser smaragdgrün schillert.

Ohne Zahl sind die Legenden, die sich um die Bewohner des Hunza-Tals im Karakorum-Gebirge ranken. In diesem malerischen Hochtal mit seinen terrassierten Feldern sollen sich einst drei kampfesmüde Deserteure aus der Armee Alexanders des Großen niedergelassen haben und so zu den Ahnherren aller Hunzukucs geworden sein. Tatsächlich haben die Menschen hier eine

verblüffend helle Haut und manchmal sogar blaue Augen und blonde Haare. Die Herrscher des Tals leiten ihre Herkunft von den »Himmlischen Zwillingen« ab, die sich schon im Mutterleib fürchterlich stritten und deswegen auf Erden getrennte Wege gingen – der eine Zwilling im Hunza-Tal, der andere im benachbarten Nager-Tal. Den Hunzukucs sagt man nach, dass sie bei bester Gesundheit besonders alt werden, in den 1970er-Jahren entstand ein regelrechter Kult um Wasser oder Salz aus dem Hunza-Tal, von denen man sich eine erhöhte Lebenserwartung versprach. Vielleicht ist es aber auch einfach die Schönheit des abgeschiedenen Tals, das der Fluss Hunza grub, die die Menschen hier in Zufriedenheit altern lässt.

Vorwitzig reckt sich die Felsnadel Bublimotin (auch aufgrund seiner Form Ladyfinger Peak, also »Löffelbiskuitgipfel« genannt) am 6270 Meter hohen Hunza Peak in die Höhe.

KASHMIR-TAL

Licht und Stein prägen die einsame Welt oberhalb des Tals. Unten ist es wunderbar grün, dazwischen leuchten farbenfrohe Saris und es gibt manches Gelächter trotz der angespannten militärischen Lage.

Tellurisch trifft hier die Indische auf die Eurasische Kontinentalplatte. Geografisch liegt das Tal zwischen Pir Panjal und dem Karakorum. Politisch kommen sich China, Indien und Pakistan genau hier ins Gehege.

NUBRA-TAL

Als hätte Gott sich einen kleinen Scherz erlaubt, finden sich im Tal einige Sanddünen. Kein Wunder, dass auch Kamele hier geblieben sind. Sie waren einst wichtige Transportmittel für die Waren.

Weich, rundlich und sanft braun, bilden die Höcker der Kamele im Tal einen schönen Kontrast zu den schroffen Bergrücken des Karakorum, die es säumen. Lange bevor Jeeps und Busse das Tal zu durchqueren begannen, waren die genügsamen Tiere Haupttransportmittel auf der Seidenstraße. Nun sind einige Herden im Tal verblieben, das zur Sackgasse geworden ist, seit Indien, China

und Pakistan dort militärisch um einen winzigen Teil ihrer politischen Grenzen ringen. Eine Touristenattraktion in einem von zwei Flüssen – Nubra und Sheyok – geformten und entsprechend üppigen Landstrich in etwa 3000 Metern Höhe, der je weiter nördlich desto wilder verblieben ist. Nicht viele Besucher verschlägt es ins anmutige Dörfchen Turtuk, einstmals pakistanisches Gebiet. Das in der Morgendämmerung weithin hörbare Singen der Mönche im südlicher gelegenen buddhistischen Diskit-Kloster hoch über dem mäandernden Fluss stimmt auch nicht buddhistische Seelen demütig angesichts der uralten Natur- und Kulturschönheiten des Tals. Wie so häufig sind es die Menschen selbst, die sich das Leben schwer machen, inmitten einer paradiesischen Welt.

Die Flüsse im Nubra-Tal wechseln Farbe und Form fast täglich. Kein festes Flussbett, eher diverse Möglichkeiten, hindurchzufließen, prägen einen Großteil der Talfläche.

ZANSKAR

Wie ein umgekehrter Regenbogen schimmert das Gestein morgens in tiefem Rot, tagsüber leuchtet es orange-gelb, das Grün der Vegetation unten geht ins Blau des Flusses über. Die Tage enden indigofarben.

Am spannendsten ist der Weg in das alte buddhistische Königreich Zanskar im Winter, denn dann führt er über den gefrorenen Fluss Zanskar. Übernachtung in Uferhöhlen, ungewollte Eistänze, wenn die Füße wegrutschen, gastfreundliche Flusswanderer aus der Region, die zum Feuer laden – wer einmal im Winter dort war, will immer im Winter kommen. Doch auch im Sommer ist das in 3500 bis

7000 Meter Höhe gelegene Tal eine zauberhafte Gegend, über der trutzige Kloster wie Rangdum thronen und in der Menschen, Tiere und Landschaft noch ein harmonisches Ganzes bilden. Mitten im Königreich ruht der Gonbo Rangjon. Vielen Bergen wohnt ein spürbares Eigenleben inne. Am Gonbo Rangjon fühlt es sich an, als wäre eine Gottheit anwesend, die älter ist als die Menschen.

Aus der Adlerperspektive betrachtet, schlängelt sich die Straße wie ein Ameisenpfad durchs Tal, entlang des mächtigen silbrigen Stromes, der es formte. Ein Adlerschrei hallt lange zwischen den Hängen wider.

INDUS-KULTUR

Der Indus ist der längste Fluss des indischen Subkontinents. Seine Quelle – ein Zusammenfluss mehrerer Gletscherbäche – befindet sich auf 5300 Meter Höhe im Transhimalaya im Kreis Gar im zu China gehörenden

Entlang des Indus fanden Archäologen bei Ausgrabungen zahlreiche Spuren einer Hochkultur, die der ägyptischen und der mesopotamischen in nichts nachsteht. Zwischen 3000 und etwa 1800 v. Chr. lebten Tausende von Menschen in Städten wie Harappa, deren Straßen schnurgerade angelegt, deren gebrannte Ziegel genormt und deren hochmoderne Kanalisationssysteme sehr ausgeklügelt waren. Noch konnten ihre zeichenförmigen Überlieferungen nicht entschlüsselt werden, es fehlt ein Äquivalent zum Stein von Rosetta, mit dessen Hilfe die ägyptische Hieroglyphenschrift entschlüsselt worden war. Doch die Fragen bleiben: Wovon träumten die Menschen Harappas?

Autonomen Gebiet Tibet. Er fließt weiter nach Nordwesten am Südrand der Bergkette des Karakorum entlang, um dann in einem Knick nach Südwesten aus dem Hochgebirge heraus Pakistan zu erreichen.

Was dachten sie über die Berge, Sonne und Mond, die Sterne? Wie begegneten sie den Tieren in ihrer Umgebung, die sie zum Teil domestiziert hatten, wie Hühner und vermutlich Wasserbüffel? Wenn sie auf andere Völker trafen, worauf Artefakte im weiten Umkreis deuten, wie verständigten sie sich? Wer waren ihre Götter, auf deren Verehrung Siegel und Plastiken verweisen, die aufgefunden worden sind? Es bleibt noch manches Rätsel zu lösen um die Menschen entlang des Indus, von denen vielleicht noch der ein oder andere entfernte Nachfahr in den Tälern des Karakorum lebt, ohne Erinnerung an seine damals so fortschrittlichen Ahnen.

PANGONG TSO

Kahle Felsen, kaum Grün, ringsum Geröll – ein karger Ort, in dem die unterschiedlichen Blauschattierungen des Sees geheimnisvoll leuchten.

Kein Geheimtipp, aber ein in dunklen Blautönen schimmerndes Juwel in 4238 Meter Höhe – der salzige Pangong-Tso-See besticht vor allem durch seine Farben. Ein Großteil des mehr als 100 Kilometer langen schmalen Sees liegt in chinesischem Gebiet und ist nicht zugänglich. Am indischen Ufer sind einige Zelte aufgestellt, Restaurant und Hotel für die Besucher aus Leh. Die An- und Abreise erfolgt über den 5320 Meter hoch gelegenen Chang-La-Pass, für den schon bei guter Kondition sein sollte, wer ihn passiert. In der Abenddämmerung am See zu sitzen und seinem Plätschern zu lauschen, während die Berge ringsum in tiefe Schatten eintauchen, lohnt die Mühsal des Weges.

PANGONG TSO

Liebhaber von natürlichen Farb- und Formkontrasten kommen am Pangong Tso im Hochland von Tibet zu spektakulären Motiven, je nach Licht- und Wolkenstand.

SPITI-TAL

Eine Landschaft wie eine Meditation: So karg und farblos die Erde in der einsamen nordindischen Bergregion Spiti auch ist, so fest und unerschütterlich ist der Glaube an die Lehren Buddhas.

Sie heißen »Die Großen Kerle« und praktizieren ein schauriges Ritual, das im gesamten tibetischen Kulturkreis als verloren galt – bis es hier, im weltentrückten Norden Indiens wiederentdeckt wurde: Sie durchbohren ihre Wangen mit Dolchen, schlitzen ihre Bäuche mit Schwertern auf und zertrümmern Steinbrocken auf ihren Körpern, um die bösen Geister zu vertreiben. Dass sich diese ar-

chaischen Riten ausgerechnet im Spiti-Tal bewahrt haben, ist kein Zufall. Acht Monate im Jahr ist es von der Außenwelt abgeschnitten, weil Schnee und Sturm alle Pässe unpassierbar machen. So hat sich hier ein Leben jenseits der Zeit bewahrt, in dem die Priester die Geschicke bestimmen und den tibetischen Buddhismus in 1000 Jahre alten Klöstern in seiner reinsten Form hüten.

Sein Pelz ist hochbegehrt und seine Knochen finden in der Traditionellen Chinesischen Medizin Verwendung. Deswegen haben Wilderer den Schneeleoparden nahezu ausgerottet.

NP VALLEY OF FLOWERS

Seinem Namen als »Tal der Blumen« macht der Nationalpark im Westhimalaya alle Ehre. In Frühjahr und Sommer wachsen Abertausende Wildpflanzen, wie hier die Orchideen.

Im milderen Klima des »Tals der Blumen« gedeihen Blauer Mohn (auch rechts unten), Fingerkraut, Großes Löwenmaul, Kobralilie und Naptablume (kleine Bilder im Uhrzeigersinn von links oben).

An die Hochgebirgsregion um den 7816 Meter hohen Nanda Devi an der Grenze von Indien zu Nepal und China schließt sich der Nationalpark »Tal der Blumen« an, der berühmt für seine Wiesen und endemischen Wildblumenarten ist, darunter Dornenmohn, Indischer Ahorn und eine Art der Alpenscharte. Das landschaftlich abwechslungsreiche Tal beheimatet auch einige seltene Tiere wie die vom Aussterben bedrohten Kragenbären. Darüber hinaus spielt das nicht allzu weit vom lebensfeindlichen Hochhimalaya gelegene Tal auch in der Hindumythologie eine Rolle. Das gilt auch für den Nanda Devi, dessen Name »Göttin der Freude« bedeutet.

WÜSTE THAR

Ein Tanz von Sand und Wind, langsam, behutsam, elegant. So entstehen und vergehen einzigartige Formen und Farbspiele in der Thar-Wüste im indischen Rajasthan.

Sandwellen, so weit das Auge reicht. Gelber, feinkörniger mit dem Wind wandernder Sand. Eine klassische Wüste wie aus einem Kinderbuch, mit Kamelen, gastfreundlichen Nomadenfamilien und kargem Gesträuch am Rande, wo Hirschziegenantilopen grasen, Bengalfüchse umherstreifen und Eidechsen unter einen Stein huschen, wenn Erschütterungen spürbar werden. Wie eine Märchenstadt wirkt auch Jaisalmer, die »Goldene Stadt« mitten in der Wüste. Ihr aus dem 12. Jahrhundert stammendes Fort ragt trutzig über der Stadt auf und leuchtet in warmem Backsteingelb. Es hat gigantische Ausmaße mit seinen 460 Metern Länge und 230 Metern Breite, die den Trikuta-Hügel krönen.

Normalerweise stoppen Zugvögel nicht in der Wüste, sondern auf Wiesen. Doch Jungfernkraniche werden seit Generationen von den Dorfbewohnern Khichans gefüttert, und nun überwintern sie hier.

Das Feuchtgebiet des Keoladeo-Nationalparks ist ein Rückzugsgebiet für viele Vogelarten, so auch für Buntstörche. In den Wintermonaten lassen sich hier rund 240 Zugvogelarten nieder.

Signalrot leuchtet die Haut am Kopf der Saruskraniche (großes Bild). Unauffälliger geben sich andere Bewohner wie Koromandeluhu, Schikrasperber, Rhesusaffen, Steppenadler und Nilgauantilope.

Das in einer Sumpflandschaft in Rajasthan gelegene Vogelparadies bevölkert sich vor allem nach dem Monsun, wenn sich zu den heimischen Wasservögeln viele Zugvögel, darunter seltene Arten, gesellen. Der Nationalpark ist ein Feuchtgebiet, das von Menschenhand geschaffen wurde. Die Maharadschas von Bharatpur hatten hier ihr Jagdrevier, weil sich die Senke bei der Entenjagd als ergiebig erwies. Sie ließen im 19. Jahrhundert künstliche Kanäle anlegen und Dämme aufschütten. So entstand ein Feuchtgebiet, das für die Vogelwelt bald ein beliebtes Brutgebiet wurde, da die Umgebung ansonsten sehr trocken ist. Heute bietet das Schutzgebiet rund 120 Vogelarten eine ständige Heimat, darunter Reihern, deren hiesige Population zu den größten der Welt zählt.

Über 700 Jahre alt soll dieser Banyanbaum im Nationalpark sein. Die Feigen bilden mehrere Stämme aus und überwuchern ihre Wirtsbäume mithilfe von Luftwurzeln.

Das Bild vornehmlich frecher Affen relativiert sich, wenn man länger in Indien reist. Denn viele haben eher ein melancholisches Temperament, so auch dieser Hanuman-Langur in Ranthambore.

In den unergründlichen Tiefen der Augen eines Königstigers steht die Zeit still. Der Unterschied zwischen Menschen und Tieren spielt bei einer Begegnung für unendlich lange Sekunden keine Rolle mehr. Es ist, als formte sich im Blickaustausch eine sprachlich nicht fassbare Frage, deren Antwort dem Tiger obliegt, nicht dem menschlichen Gegenüber. Er bleibt eine Raubkatze, vielleicht die edelste. Und es ist gut, dass er auf den fast 300 Quadratkilometern des Nationalparks ein einigermaßen vor Wilderern geschütztes Areal hat. Dort streift er nun in seiner erhabenen Eleganz umher und zeigt sich auch denen, die ihn in ganz freier Wildbahn nicht zu Gesicht bekommen hätten, denn ein Königstiger, auch Bengaltiger genannt, ist keine Jedermannskatze. Dschungelrodungen und die allgemeine Ausbreitung des Menschen haben seine natürlichen Lebensräume minimiert, weshalb er auf geschützte Gebiete wie Ranthambore angewiesen ist. Dort leben auch andere Jäger wie Lippenbären, Goldschakale und Honigdachse nebst potenziellen Beutetieren wie Vierhornantilopen, Sambarhirschen oder Indischen Gazellen.

KÖNIGSTIGER

Bedauerlicherweise ist der Jäger selbst ein Gejagter: Der Bestand des Bengal- oder Königstigers – des Nationaltiers von Indien und Bangladesch – wird auf knapp 4000 Exemplare in freier Wildbahn geschätzt.

Die Jagdlust indischer Maharadschas und britischer Offiziere, die Angst der einfachen Leute vor dem menschenfressenden »Räuber der Nacht« und vor allem die Beschneidung seines Lebensraums haben den Königs- oder Bengaltiger im 20. Jahrhundert an den Rand des Aussterbens gebracht. 1972 zählte man nur noch 1800 Exemplare des *Panthera tigris tigris*. Inzwischen hat

sich der Bestand in freier Wildbahn dank rigoroser Schutzmaßnahmen, die auch Umsiedlungen von Dörfern einschlossen, auf etwa 4000 Tiere erhöht und stabilisiert. Dabei hat die bis zu 2,80 Meter lange (ohne Schwanz) und 280 Kilogramm schwere Großkatze gelernt, auch unter widrigen Umständen zu überleben, solange ihre abendlichen Streifzüge im 65 bis 200 Quadratkilometer großen Revier nicht gestört werden und für acht Kilogramm Fleisch pro Tag gesorgt ist. Sein gelb-rötliches Fell mit den graubraunen bis schwarzen Streifen macht den Tiger in Gras und Unterholz nahezu unsichtbar. Er schleicht sich an sein Opfer heran, überwältigt es blitzschnell mit einem kraftvollen Sprung und tötet es sofort durch einen Biss in Kehle oder Nacken.

Mächtige Büffel und robuste Wildschweine stehen ebenso auf der Speisekarte wie flinke Fische und gut getarnte Frösche, oder auch langsame Vierbeiner wie dieser Sambarhirsch.

Die hiesigen Pfauenmännchen *(Pavo cristatus)* präsentieren sich, wie überall auf der Welt, gern in all ihrer farbenfrohen Pracht.

Die Wahrscheinlichkeit ist nicht hoch, einen der hiesigen Leoparden zu sichten, dazu gehört eine ordentliche Portion Glück. Die Tiere leben scheu und zurückgezogen im dichten Urwald.

Wer es ursprünglich liebt und Massentourismus möglichst meidet, findet im fernab von größeren Städten gelegenen Satpura-Nationalpark ein lohnendes Ziel. Und wer dann noch den Mut findet, ihn zu Fuß und per Boot zu erkunden, kann mit allen Sinnen eintauchen in die geheimnisvolle waldige Welt der Satpura-Hügel. Es raschelt, keckert, grunzt, scharrt, schabt, kreischt und schleicht im Un-

terholz, wird gegen Mittag etwas ruhiger, wenn die Sonne hoch am Himmel steht, und hebt zu einem lauten Konzert in der Abenddämmerung an. Vielerorts riecht es nach trockenem Gras und sonnigem Boden, manchmal faulig nach stehendem Gewässer, tiefer im Wald vernimmt die Nase den dumpfen Geruch von modrigem Holz. Für die Augen eröffnet sich ein ähnlich vielfältiges Spektrum. Sie erfreuen sich am farbenfrohen Flirren eines Indischen Eisvogels, an der grazilen Bewegung einer Vierhornantilope, an dem beruhigenden Phlegma des dunkelbraunen Gaur. Manchmal taucht, nur aus dem Augenwinkel zu sehen, ein hoch oben in den Wipfeln wohnendes hellgraues Gleithörnchen auf. Neugierige Blicke können nicht genug bekommen von diesem Park in Madhya Pradesh.

RANGANATHITTU-RESERVAT

Bilder können nicht wiedergeben, was diesen Ausschnitt eigentlich prägt: ein natürliches Konzert. Denn im Dickicht des Vogelreservats am Fluss Kaveri leben viele Vögel und Insekten.

Auch schläfrig wirkende Krokodile können sich blitzschnell auf ein vorbeikommendes Opfer stürzen. Bildleiste: Schwarzkopfibisse, Kuhreiher und Buntstörche teilen Lebensraum und Beutetiere.

Wie übergroße Schildkrötenrücken ragen sie aus dem Wasser – kleine Felseninseln prägen die Landschaft am Fluss Kaveri. Sumpfkrokodile sonnen sich auf den warmen Steinen, ein Krähen und Piepen erfüllt die Luft. Mehr als 170 Vogelarten sind hier inzwischen gezählt worden. Möwen legen ihre Eier auf die flachen Felsen und brüten, Reiher segeln elegant durch die Luft oder wippen in den

Ästen der Baumkronen. Sie lassen sich nicht stören von den Besuchern, die mit Booten über die Flüsse paddeln, um so majestätische Vögel wie den Buntstorch, den Löffler oder die bunte Eisvogelart Storchschnabelliest zu beobachten. Ab Mitte Dezember ist die schönste Zeit für Vogelbeobachtung, dann halten sich bis zu 40 000 Vögel hier auf, viele kommen als Zuggäste aus dem Norden.

WESTGHATS

Das idyllische, einer Bilderbuchlandschaft gleichende Munnar liegt auf 1800 Metern Höhe im Idukki-Distrikt. Auf den weiten Arealen des Gebietes wird seit langer Zeit Tee angebaut.

Das lang gezogene Gebirge der Westghats im Westen Indiens zählt zu den acht Gebieten der Erde mit der höchsten Artenvielfalt, obwohl es im Durchschnitt nur 900 Meter hoch wird. Es stellt eine gewisse Barriere für die Monsunwinde dar und erstreckt sich auf einer Länge von rund 1600 Kilometern parallel zur Westküste Indiens. Besonders zur Monsunzeit zwischen Juni und September

fallen hier erhebliche Niederschläge, bis zu 6000 Millimeter pro Jahr. Auf der den Monsunwinden zugekehrten Seite wachsen deswegen tropische immer- oder sommergrüne Regenwälder. Da aber der Mensch das Gebirge seit jeher besiedelt, ist nur noch etwa ein Fünftel des ursprünglichen Waldbestandes vorhanden, und das vorherrschende Ökosystem besteht aus in Grasgebiete (»Shola-Grasland«) eingebetteten Waldrelikten. Das Gebiet der Westghats ist außerordentlich artenreich, und der Endemiegrad liegt rekordverdächtig hoch. Bei den 4000 bis 5000 Blütenpflanzenarten dürfte rund ein Drittel Endemiten sein. Die Springkräuter der Gattung *Impatiens* beispielsweise sind mit 86 Arten vertreten, 76 davon kommen nur in den Westghats vor.

Mit den Westghats und nicht weniger als 44 Flüssen besitzt der südwestindische Staat Kerala viele geologische Besonderheiten. Seine smaragdgrünen Lagunen zählen sicher dazu.

Wasser und Wald verweben sich mancherorts in den Westghats – wie hier in Amboli im südlichen Maharashtra – zu einem dichten Geflecht.

Tosend stürzen die zur Monsunzeit spektakulären Jog-Fälle (links) in 335 Meter Tiefe. Das laute Rauschen des Thoseghar-Falls (rechts) tönt kilometerweit durch den Wald Sataras.

Soeben schien noch die Sonne, plötzlich schüttet es, als hätte jemand inmitten des blauen Himmels eine riesige Falltür geöffnet, aus der sofort ungeduldig und dunkel die Monsunwolken hervorgeschossen sind. Er hatte sich angekündigt, der Monsunregen: Vor einigen Tagen gab es die ersten vorsichtigen Schauer, ein normaler Sommerregen, wie ihn Europäer kennen. Das zählt noch

nicht, es sind Vorboten des eigentlichen Monsuns. Wenn er dann da ist, beginnen die Kinder aus Westghats-Dörfern wie Mannavanur zu tanzen, zu planschen, als gäbe es nichts Schöneres als diesen stundenlang anhaltenden großtropfigen Regen. Wie dicke Herdentiere kriechen die schweren Wolken dann die Hänge der Westghats hinauf, stauen sich, wollen umkehren und werden weitergeschoben; endlich platzen sie auf, und es wundert nicht, dass die Monsunseite früher einen dichten üppigen Regenwald beherbergte, den erst der Mensch zu verdrängen begonnen hat. Wasserfälle, Bäche, Flüsse und Seen erzählen vom Monsun, wenn er im August abzuklingen beginnt. Und der Regenwald scheint leise zu seufzen, wenn die Wolken sich verflüchtigen.

WESTGHATS: NP ERAVIKULAM

Wie alle Ziegen und Halbziegen lieben es auch die bedrohten Nilgiri-Tahre, auf grasig-steinigem Untergrund zu ruhen, wenn die Sonne hoch am Himmel steht. Sie grasen morgens und abends.

Nicht nur Menschen, auch Elefanten besuchen diesen in Kerala gegründeten Nationalpark in einem Teil der Westghats, in dem vornehmlich Grassteppe die Hügel umspielt. Ständig anwesend sind die in freier Natur eher scheuen bestandsgefährdeten Nilgiri-Tahre, die im Park auch einmal betteln kommen. Die Indischen Muntjaks sind zurückhaltender, auch die hier ansässigen Wildkatzen bevorzugen es, Gäste aus größerer Entfernung zu beäugen. Es gibt nur eine einzige Straße, die nicht verlassen werden darf, insofern sind die Tiere recht ungestört. Wer gern lange und geduldig Natureindrücke genießt, ist deshalb im Park fehl am Platz, zumindest zur Hauptreisezeit.

Bis zu 70 Tiere bilden eine Tahr-Herde. Sie ernähren sich von den Kräutern und Süßgräsern, die auf den Hügeln des Eravikulam-Parks wachsen.

Für Vogelliebhaber könnte, wenn er zufällig in der Nähe der Straße auftaucht, der im Park lebende Schwarz-Orange-Schnäpper ein schönes Motiv abgeben. Noch eher lässt sich der Weißhaubenhäherling mit seiner schönen Stimme hin und wieder herab, am Straßenrand nach Beeren und Insekten zu suchen. Eher unwahrscheinlich ist es, dass ein possierliches Nilgiri-Langur-Äffchen sich dort blicken lässt, es bevorzugt die dichteren Wälder abseits der Straße. Doch der Park wurde vor allem um des Tahrschutzes Willen gegründet; darin ist er äußerst erfolgreich, beherbergt er doch mittlerweile die größte Population Indiens dieser zu den Ziegen gehörenden Paarhuferart.

WESTGHATS: NP MUDUMALAI

Der Bartaffe ist eine Primatenart, die nur in Südindien vorkommt. Er zählt zu den seltensten und bedrohtesten Makaken: Nur geschätzte 2500 Tiere leben noch in Südwestindien.

Der Mudumalai-Nationalpark ist wegen seiner reichen Tigerbestände berühmt. Doch sollten Besucher nicht darauf bauen, den scheuen Jäger zu treffen. Auch meist vergebens ist die Hoffnung, hier Leoparden zu sehen. Obwohl die Indischen Leoparden noch nicht zu den gefährdeten Arten gehören, kann sich ihr Status bald ändern: Lebensräume werden durch Siedlungen zerstückelt, illegale Jagd dezimiert die Bestände besorgniserregend. Es lohnt sich vielmehr, genauer hinzusehen und -zuhören. In den Ästen zwitschert es. Richtet man seine Augen gen Himmel, entdeckt man mit etwas Glück ganz weit oben einen Indiengeier, ein sehr gefährdeter Vertreter seiner Art.

Ornithologische Schatzkammer: Purpurnektarvogel, Ganges-Brillenvogel, Muskatamadine (obere Reihe von links). Häufig zu sehen im Nationalpark ist der Ceylonnektarvogel (alle Bilder untere Reihe).

Palmen in dieser Zahl sind nicht die natürliche Fauna der Backwaters in Kerala, sondern werden aufgrund ihrer Früchte, der Kokosnüsse, angebaut. Sie sind ein wichtiges Exportgut der Region.

Chamäleons, diese Relikte aus Urzeiten, brauchen eine sich langsam verändernde Welt. Unter Palmen verlieren sie ihre Lebensgrundlage. Aber noch gibt es auch etwas Regenwald in den Backwaters.

Leise plätschernd umspielen die Wellen einer der vielen Wasserstraßen in den Backwaters Keralas die Holzplanken des ehemaligen Lastenschiffes, das nun zum Hausboot umfunktioniert wurde. Es lag in Alappuzha vor Anker, dem »Venedig des Ostens«, neben Hunderten weiteren Exemplaren. Nun gleitet es vorüber an palmenbewachsenen Ufern, an Frauen, die ihre Wäsche direkt im Fluss waschen,

an Kindern, die jauchzend ins Wasser springen, an Fischern, die ihre Netze flicken, und an riesigen Kautschukplantagen. Wäre ein kurzer Zeitsprung 200 Jahre zurück möglich, würde das Hausboot an uralten Mangroven- und Regenwäldern entlangschippern, die Schlingpflanzen hingen direkt ins Wasser, Tausende Vögel stimmten morgens ein Konzert an. Doch auch in der Gegenwart dominieren noch zahlreiche ansässige Vogelarten die Geräuschkulisse, wie der Storchschnabelliest, eine hiesige Eisvogelart, oder die Wanderbaumelster. Dort, wo noch Feuchtwaldbestände erhalten sind, wohnt der schöne gelbschnabelige Doppelhornvogel. Fast 2000 Quadratkilometer umfassen die Backwaters, sie sind Lebensraum, Verkehrsnetz und Nahrungsmittellieferant der Region.

NP SUNDARBANS

Mit ihren bizarren Wurzelgeflechten gemahnen die alten Mangrovenwälder an moderne Kunst. Einige hier lebende Bengalische Tiger jagen unter anderem die ebenfalls ansässigen Axishirsche, auch Chitals genannt.

Die Sundarbans sind das größte Mangrovengebiet der Erde. Zum Schutz dieser einzigartigen Fauna und Flora wurde auf indischer Seite ein 1330 Quadratkilometer großer Nationalpark ausgewiesen. Über die Hälfte der Sundarbans entfällt auf den indischen Teil Bengalens, der Rest liegt in Bangladesch. Zwei wasserreiche Ströme, der Ganges und der Brahmaputra, sowie ihr gemeinsamer

Mündungsarm, der Meghna, bilden die natürliche Grundlage. Das reiche Ökosystem dieser Feuchtgebiete ist als Übergangszone zwischen Salz- und Süßwasser Lebensraum für unterschiedlichste Tiere: Fischotter, Wasserschlangen, Schildkröten, Bindenwarane und Krokodile sowie Störche, Reiher, Kormorane, Brachvögel, Möwen und Seeschwalben sind hier heimisch.

Der Kappenlangur (kleine Bilder) zählt zu den Schlankaffen. Im Manas-Nationalpark trifft man neben Primaten auch auf die stark vom Aussterben bedrohten Gangesgaviale (auch Gharial oder Echter Gavial genannt).

Das vor allem für seine Tiger und zahlreichen Elefanten bekannte Schutzgebiet liegt in Assam am Fuße des Himalaya, nahe der Grenze zu Bhutan. Seinen Namen verdankt es dem reißenden Fluss Manas. Die 1928 zum Wildschutzgebiet erklärte Kernzone des Reservats wurde 1992 durch einen Bürgerkrieg stark zerstört. Von den einst rund 2000 Elefanten überlebten nur einige Dutzend. Dank

eines Wiederaufbauprogramms wurden wieder rund 700 Tiere gezählt. Die vielfältige Flora begünstigt zudem den Lebensbereich vieler vom Aussterben bedrohter Tierarten. Der Bestand der mächtigen Königstiger wuchs auf rund 60 Tiere, das seltene Panzernashorn aber starb hier aus. Seit 2006 werden Tiere aus anderen Parks hier wieder angesiedelt wie die seltene Wildform des Wasserbüffels.

NP KAZIRANGA

Barasinghas – »zwölf Hörner« – werden die Zackenhirsche genannt, der Name spielt auf die stark verästelten Geweihe der Männchen an. Neben ihnen leben auch Indische Wildschweine (kleines Bild) in Kaziranga.

Eines der letzten noch unberührten Gebiete im Herzen Assams ist Lebensraum für die weltweit größte Population der bedrohten Panzernashörner. Auch andere seltene Tiere genießen den Schutz des rund 430 Quadratkilometer großen Parks. Der Kaziranga-Nationalpark wird vom Ungestüm des Brahmaputra geprägt: Während der Monsunzeit im Juli und August stehen zwei Drittel des

Parks unter Wasser. Dann müssen die Tiere in höher gelegene Regionen ausweichen, auch außerhalb des Parks. Der Schutz der Panzernashörner stand schon immer im Mittelpunkt des Interesses der lokalen Tierschützer. Bereits um die vorletzte Jahrhundertwende war ihr Bestand so sehr dezimiert worden, dass man keine Jagdlizenzen mehr ausgab und die Region 1908 als Wildreservat auswies. 1950 wurde es Wildschutzgebiet und 1974 Nationalpark. Heute wird die Zahl der Rhinozerosse auf 1500 geschätzt. Zahlreich sind im Park aber auch Elefanten, Büffel und verschiedene Hirscharten vertreten, ferner Gibbons, Tiger und Wildschweine sowie seltene Vögel wie Barttrappen und Graupelikane. Kragen- und Lippenbären haben hier ebenfalls ein Rückzugsgebiet.

Ein Naturparadies ist der Kaziranga-Nationalpark in Assam: Wasserbüffel (großes Bild und Bildleiste oben), Asiatische Elefanten (Bildleiste Mitte) und Panzernashörner (Bildleiste unten) haben hier ein Refugium.

INDISCHE ELEFANTEN

Elefanten sind ausgesprochene Herdentiere und gelten als die sanften Riesen des Tierreichs. Nicht umsonst hat wohl der elefantenköpfige Gott Ganesha im Hinduismus als Verkörperung der Weisheit einen guten Ruf.

Für die Hindus ist der Elefant göttlich, allerdings nur zur Hälfte. Auf seinem dickbäuchigen und vierarmigen Menschenkörper trägt der Gott Ganesha ein Elefantenhaupt. Auch in dessen »Zuständigkeit« werden Eigenschaften des Elefanten sichtbar: Ganesha wird als Schutzherr von Bildung und Gelehrsamkeit sowie als Überwinder von Hindernissen verehrt. In der Tat ist der bis zu

drei Meter hohe und fünf Tonnen schwere Asiatische Elefant – mit dem Indischen Elefanten als Unterart – ein zwar sanfter, aber durchsetzungsfähiger Dickhäuter. Dessen Kraft, Geschick und Intelligenz macht sich der Mensch seit Jahrhunderten zunutze: zum Lastentransport, zum Aufräumen der Wälder, als Hochsitz für die Tigerjagd oder zur Belustigung im Zirkus. Mit seinem Rüssel kann der Elefant atmen, riechen, saugen, spritzen, tasten, greifen, schlagen und trompeten. Dabei agiert der Asiatische Elefant mit »spitzem« Finger geschickter als sein afrikanischer Vetter: Sein Rüssel hat nur einen, der seines Verwandten zwei Finger. Ein geselliges Wesen ist er auch: Asiatische Elefantenkühe und ihre Nachkommen bilden meist enge Familiengruppen mit bis zu zehn Tieren.

Als eigene Art existiert das Panzernashorn schon seit etwa zehn Millionen Jahren. Sein Habitat sind Sümpfe und stehende Gewässer. Deren Trockenlegung hat seinen Lebensraum stark eingeschränkt.

Die Tiermotive in Höhlenmalereien aus der Steinzeit sind ein Beweis dafür, dass auch Nashörner die damaligen Graslandschaften Eurasiens bevölkert haben. Diese Zeiten sind vorbei – heute gibt es nur noch fünf Arten von Rhinozerossen, darunter drei in Asien wie das Indische Panzernashorn. Und von »bevölkern« kann auch nicht mehr die Rede sein, leben doch nur noch rund 2500

Panzernashörner auf dem Subkontinent. Namensgebendes Merkmal des bis zu vier Meter langen Panzernashorns sind die großen Hautplatten am Rumpf. Es hat nur ein Horn über dem Nasenbein, der lateinische Artenname *Rhinoceros unicornis* weist auf diese Besonderheit hin. Das Nasenhorn ist auch der Hauptgrund für die Aufnahme des Rhinozerosses in die Rote Liste gefährdeter Arten. Die pulverisierte Hornsubstanz galt und gilt in der Traditionellen Chinesischen Medizin als Aphrodisiakum. Als Einzelgänger braucht das Panzernashorn viel Platz. Begegnungen mit Menschen können für diese gefährlich sein, vor allem, wenn Nashornmütter ihre Kälber verteidigen wollen. Im Grunde genommen hat ein Nashorn nichts zu befürchten – vor allem keine Fressfeinde.

NP MAKALU BARUN

Die zornige Variante Shivas ist im Tibetischen Mahakala, der Große Schwarze. Makalu entspricht Mahakala. Der pyramidenförmige Makalu hat einen Bergsteiger spurlos verschwinden lassen. Im Zorn?

Wäre man eine Asiatische Goldkatze, wären die geheimnisvollen tropischen Regenwälder im Süden des Parks vermutlich das bevorzugte Revier, während ihr Verwandter, der Schneeleopard, die subalpinen Regionen weiter im Norden bevorzugt. Dort streift auch der Himalaya-Tahr umher, potenzielle Beute des Leoparden. Kein anderer Nationalpark dieser Welt erstreckt sich über so viele unterschiedliche Habitate bei einer Höhendifferenz von mehr als 8000 Metern. Denn höchster Punkt des Parks ist der Makalu, mit 8485 Metern fünfthöchster Berg der Erde. Kein Tier kann das gesamte Gebiet der geschützten Wildnis erkunden – diese Möglichkeit ist dem Menschen vorbehal-

Die Bergbesteigung gilt als gemäßigt. Zunächst müssen einige Gletscher passiert, dann tiefe Schneefelder am Sattel überquert werden und zum Schluss führt ein steinerner Grat zur Spitze.

ten. Zwischen der dämmerigen Feuchtigkeit des tropischen Gebiets bis zu der eisigen steinernen Ödnis des Makalu verlaufen einige wenige Pfade. Sie sind nichts für Sonntagsspaziergänger, in diesem Park ist ausreichend Wandererfahrung gefordert. Auch warme Duschen werden hier vergebens gesucht, nur an Entbehrungen gewohnte Besucher haben ihre Freude an dem wilden Paradies. Geschützt und gepflegt wird es unter anderem von den Volksstämmen, die in der Pufferzone um den Park herum siedeln. Neben den noch sehr traditionell lebenden Sherpas sind das die geheimnisvollen Newar. Selten treffen Kultur- und Naturschutz so unmittelbar aufeinander wie hier.

NP SAGARMATHA

Bis heute wächst der Himalaya ununterbrochen – derzeit etwa fünf Millimeter pro Jahr. Denn durch die Strömung unter der Erdkruste wird Material an die Gebirgswurzel geführt, das dort auskristallisiert und den

In der Gebirgsregion am Fuße des Mount Everest, einem beliebten Trekkinggebiet, findet sich die faszinierende Hochgebirgsflora und -fauna des Osthimalaya. Doch mit dem Trekking und seiner Infrastruktur kamen im Himalaya die Probleme. Um das ökologische Gleichgewicht in Nepal und vor allem in der Region am Fuß des 8848 Meter hohen Mount Everest zu stabilisieren, bestimmte man das Gebiet im Jahr 1976 zum Nationalpark. Der höchste Berg der Erde wird von den Nepalesen Sagarmatha, »Himmelskönig«, genannt. Die Tibeter nennen den Riesen Chomolungma, »Göttinmutter der Erde«. Mit drei Achttausendern – Mount Everest, Lhotse und Cho Oyu – sowie weiteren

Gebirgsblock in der Tiefe verstärkt. Mit der Heraushebung verstärkt sich die Abtragung. So weisen die Berge scharfe Grate und steile Flanken auf – ausgenommen die von den Gletschern überformten Täler.

Sechs- und Siebentausendern ist dieses Gebiet rund um den Nationalpark Sagarmatha die höchste Gebirgsregion der Erde. Aber nicht nur die Höhe der Berge bestimmt den gewaltigen Eindruck. So imponiert der dem Everest benachbarte, über 7800 Meter hohe Nuptse weniger durch seine stattliche Höhe als durch seine 3000 Meter hohe Südwand. Der Ngozumpa-Gletscher ist mit 20 Kilometern der längste Gletscher Nepals. Nur für kurze Zeit sind die Südhänge der Berggiganten im Sommer schneefrei. Dann zeigt sich eine vielfältige Flora. Den Nationalpark bevölkern zudem etwa 30 Säugetierarten – nur allen Legenden zum Trotz kein Yeti.

»Ort des Schnees« bedeutet »Himalaya« in der altindischen Sprache Sanskrit. Es ist ein sehr bescheidener Name für das mächtigste Gebirge der Erde. Der Himalaya prägt Asiens Landschaft, bestimmt das Klima des

Kontinents, lässt Wüsten entstehen und tiefgrüne Dschungel wuchern und speist mit seinem Schmelzwasser die großen Flüsse.

NP SAGARMATHA: MOUNT EVEREST

Dreigliederung charakterisiert den Mount Everest: Westgrat, Nordgrat und Südostgrat. Die Erstbesteiger Sir Edmund Hillary und Tenzing Norgay kamen 1953 über den südöstlichen Gipfelgrat auf die Spitze.

Mit seinen 8848 Metern hat er es geschafft: Der Mount Everest ist der höchste Berg der Welt. Sein sehr europäisch klingender Name stammt von dem britischen Landvermesser George Everest (1790–1866), der erstmals die Höhe des Berges protokolliert hatte. Ein solcher Rekord scheint bei den Menschen Begehrlichkeiten und Kampfgeist zu schüren: Mehr als 15000 Menschen haben versucht, ihn zu besteigen, mehr als 250 von ihnen ließen dabei ihr Leben. Einen traurigen Rekord hat er inzwischen auch als Müllberg aufgestellt, da der Abfall der Expeditionen von den Basislagern vielfach nicht mit ins Tal genommen wird und im ewigen Eis des Gletschers verbleibt. Inzwischen kümmern sich Initiativen darum, den Müll einzusammeln.

Extremtemperaturen von bis zu –60 °C wurden hier schon gemessen. Doch selbst die Kälte und große Gletscherfelder wie der Khumbu-Eisbruch können die vielen Bergsporttouristen nicht abschrecken.

NP SAGARMATHA: MOUNT EVEREST

Nach buddhistischer Lehre ist der Mount Everest der Wohnsitz von Jomo Miyo Lang Sangma, einer der »fünf Schwestern des langen Lebens«. Ihre Geschwister wohnen auf den vier anderen der fünf höchsten Himala-

ya-Gipfel. Hier zu sehen ist der Mount Everest zwischen Changtse (7543 Meter), Nuptse (7861 Meter), Ama Dablam (6812 Meter) und Thamserku (6623 Meter). Links ist das Basiscamp am Everest zu erkennen.

ANNAPURNA HIMAL

Der zehnthöchste Berg der Erde ist die Annapurna, die sich 8091 Meter dem Himmel entgegenstreckt. Ihre Besteigung ist extrem gefährlich, deswegen ziehen es viele vor, auf Distanz zu ihr zu bleiben.

Vielleicht ist es die Rache der Götter für den Frevel der Erdenbewohner, die es wagen, mit Seil und Steigeisen in ihr Reich einzudringen, ihre Ruhe zu stören und triumphierend auf ihrem Kopf zu stehen. Vielleicht haben sie deswegen eine unter ihnen dazu auserkoren, diese Anmaßung zu bestrafen. Der Annapurna fällt diese Aufgabe zu, dem Wohnsitz der Göttin Parvati. Zum ersten Mal

wurde die Annapurna 1950 von einer französischen Expedition bezwungen. Es war die erste Besteigung eines Achttausenders überhaupt, doch nicht, weil sie technisch so einfach zu bewältigen wäre, ganz im Gegenteil. Die Lawinengefahr an diesem Koloss ist aberwitzig hoch. Etwa 160 Bergsteiger haben seit 1950 den Gipfel erreicht, 60 aber ließen hier ihr Leben.

Sie umrunden lieber die gigantische Annapurna in zwei, drei Wochen. Es ist ein legendäre Trekkingroute, eine der beeindruckendsten Wanderungen überhaupt, die man im Hochgebirge machen kann.

ANNAPURNA HIMAL

Als Wohnsitz der Göttin Parvati gilt die Annapurna-Kette. Sie ist es, die im hinduistischen Universum den Menschen Nahrung spendet, doch sie hat noch ein zweites Gesicht: Parvati kann sich in die schreckliche

Kali verwandeln, die schwarze Göttin mit der blutroten Zunge, die in ihrer Raserei alles Leben verschlingt. Ist deswegen der Blutzoll unter den Alpinisten an der Annapurna so schaurig? Kali kennt keine Gnade.

NP CHITWAN

Nepal ist ein Land der Extreme. Der höchste Gipfel der Erde findet hier genauso Platz wie einer ihrer urwüchsigsten Dschungel: der Chitwan-Nationalpark, Heimat bei Weitem nicht nur von Elefanten.

Im ältesten Nationalpark Nepals mit seinen Salwäldern und ausgedehnten Elefantengrasflächen trifft man auf zahlreiche bedrohte Tiere. Einem der Panzernashörner wird man im Chitwan-Nationalpark ganz im Süden des Landes in jedem Fall begegnen. Es leben hier noch rund 400 Exemplare. Ein erwachsenes Tier frisst durchaus zwei Zentner Gras und trinkt bis zu 100 Liter Wasser pro

Tag. Aber auch etwa 200 Leoparden und 80 Tiger streifen mitunter durch das hohe Gras. Der Nationalpark verdankt seine Existenz König Mahendra, der 1962 ein Schutzgebiet für die bedrohte Art der Panzernashörner gründete. Das Reservat wurde 1973 zum Nationalpark erklärt. Zu den oft vorkommenden Wildarten zählen Sambar- und Axishirsche, Vierhornantilopen, Wildschweine, Lippenbären, Wildrinder (Gaure) sowie Rhesusaffen. Die Baumkronen werden von Languren bevölkert, in der Dämmerung gehen Mungos und Honigdachse auf die Pirsch. Nachts hört man das Heulen der Goldschakale. In den Flüssen des Parks dösen Sumpfkrokodile und Gangesgaviale mit ihren auffallend langen Kiefern. Im offenen Gelände trifft man auch auf Bengalwarane.

Die Trägheit täuscht: Das Panzernashorn wiegt zwar zwei Tonnen, kann aber 45 Stundenkilometer schnell werden, wenn es wütend ist. Und dann sollte man um Himmels willen nicht in der Nähe sein!

ZENTRALES HOCHLAND VON SRI LANKA

Die schlanken, langschwänzigen Weißbartlanguren, deren weißes Haar namensgebend war, sind im bis zu 2000 Meter hoch gelegenen Hochland von Sri Lanka endemisch.

Der Fischotter genießt das Schwimmen in den Flüssen, die in den Horton Plains entspringen und später zu den drei größten Strömen der Insel anwachsen.

Das zentrale Hochland von Sri Lanka umfasst drei Regionen, die für die Biodiversität des Landes sehr wichtig sind: die Peak Wilderness, den Horton-Plains-Nationalpark und den Knuckles Conservation Forest. In der bis auf 2500 Meter Meereshöhe reichenden Landschaft dominieren Grasländer, tropische Regenwälder und Bergwälder die Vegetation. Zahlreiche Pflanzen- und Tierarten kommen nur hier vor. Im Horton-Plains-Nationalpark findet man 87 Vogel- und 24 Säugetierarten. Das größte Tier dort ist der Sambar, nach Elch und Wapiti die drittgrößte Hirschart der Erde, der so zahlreich vorkommt, dass er fast schon zu einer Plage geworden ist. »World's End« heißt hier ein berühmter, über 1050 Meter hoher Steilabhang, von dem aus man bis zum Meer blicken kann. Der Knuckles Conservation Forest deckt alle Klimazonen des Landes ab. Obwohl das Waldgebiet nur weniger als ein halbes Prozent der Fläche von Sri Lanka ausmacht, liegt hier die höchste Biodiversität: 1033 Arten höherer Pflanzen sind im Wald dokumentiert. Und von den 247 Wirbeltierarten der Region sind knapp über ein Viertel endemisch.

Rund 60 Prozent der zumeist seltenen Baumarten sind im Sinharaja-Nationalpark endemisch. Auch zahlreiche Orchideenarten machen das Gebiet zu einer Schatzkammer der Natur.

Im Primärregenwald leben selten gewordene Tierarten, darunter viele Amphibien (von links oben im Uhrzeigersinn: Layard-Palmenhörnchen, Sägerückenagame, Schmuckkitta, Pflaumenkopfsittich und Ceylon-Hutaffe).

Das Waldgebiet von Sinharaja im Südwesten der Insel ist die letzte Region Sri Lankas mit ursprünglichem Regenwald. Die Regierung bestimmte das rund 85 Quadratkilometer umfassende Gebiet zum Biosphärenreservat, damit es nicht, wie viele andere Wälder zuvor, der in Sri Lanka weit verbreiteten Raubrodung zum Opfer fiel. Schon zu Zeiten der britischen Kolonialverwaltung wurde hier 1875 erstmals ein Schutzgebiet eingerichtet. Die tropischen Regenwälder der Insel dienten seit jeher als Materiallieferant für den Hausbau sowie als Quelle für Arzneien und Gewürze. Daher wurden Gesetze erlassen, die nur noch das Sammeln der Kittulfasern der Brennpalmen zulassen.

NP BUNDALA

Der Mensch ist aus dem Paradies vertrieben worden und wird so schnell nicht wieder dorthin zurückkehren. Daran muss man unwillkürlich denken, wenn man Bilder von Bundala in Sri Lanka sieht.

Wie eine Träne, die niemals zerrinnt, liegt Sri Lanka vor der Südküste Indiens. Wie ein perfekter Tropfen, der für immer im Indischen Ozean schwimmen wird, sieht die Silhouette der Insel aus. Doch warum weint das alte Ceylon? Vielleicht beweint es immer noch die Toten des Tsunamis von 2004, der ungeheuerliches Leid anrichtete, den Bundala-Nationalpark an der Südküste der Insel

aber wundersamerweise verschonte. In seinem Labyrinth aus Brackwasserlagunen tummeln sich fast 200 Vogelarten, darunter viele Zugvögel auf Fernreise, dazu Rattenschlangen und Pythons, Meeresschildkröten und Krokodile, Affen und Leoparden, Ibisse und Flamingos, die keinem Land jemals eine Träne nachweinen, sondern einfach weiterziehen, wenn die Zeit gekommen ist.

In dem Nationalpark leben, weitgehend ungestört von den Bedrängungen der Zivilisation, zahllose Vogelarten wie der Buntstorch. Sobald er einen Fisch aufstöbert, schnappt sein Schnabel blitzartig zu.

OSTASIEN

Hinter Kasachstans hohem Altai tut sich eine Region auf, die noch viele Geheimnisse in sich birgt: im Norden die ausgedehnte Tundra und Taiga, mittendrin die Wüste Gobi und der Himalaya und im Osten die unendliche mongolische Steppe und die heißen Quellen Japans. Ostasien ist eine sehr abwechslungsreiche Gegend, deren Vielfältigkeit oft noch im Verborgenen liegt. So leben hier tatsächlich noch Nomadenstämme abgeschieden von der entwickelten Welt, und auch in China gibt es noch viele einzigartige Naturwunder jenseits der futuristischen Riesenstädte.

NP ALTAI TAVAN BOGD

Auf mehr als 6000 Quadratkilometern erstreckt sich der Nationalpark im Westen der Mongolei. Hier liegt nicht nur der höchste Gipfel des Landes, der Kuiten Uul (4374 Meter), sondern auch die Quelle vieler Flüsse.

Welch eine Farbenvielfalt Eis hervorbringen kann, beweisen die 35 Gletscher des Nationalparks im Altaigebirge. Klares Türkisgrün, zurückhaltendes Grau oder leuchtendes Hellblau – das ewige Eis des Dreiländerecks zwischen Russland, China und der Mongolei scheint sich in Hunderte von Tönen zu kleiden. Die Gletscher liegen auf dem Gebirge, das hier, passend zur Mystik der Gegend,

den Namen Tavan Bogd trägt – die »fünf Heiligen«. In diesen Bergen haben sich uralte Traditionen gehalten. Dazu gehört die Jagd mit den Adlern, die ebenso praktiziert wird wie Schamanismus. Mystisch sind auch die Petroglyphen in Tsagaan Salaa. Mehr als 10000 Malereien, viele aus der Jungsteinzeit, sind hier auf den Felsen verewigt und geben Einblick in den Alltag der frühen Menschen.

PRZEWALSKIPFERDE

Das mongolische Wildpferd ist die einzige Pferdeunterart, die als Wildform bis heute überlebt hat. Benannt ist es nach dem russischen Forschungsreisenden Nikolai Michailowitsch Przewalski (1839–1888).

Ihre Schnauzen sehen aus, als hätten die Pferde zu lang in weißem Staub geschnuppert: Hell abgesetzt von dem typischen Wildbraun, breitet sich beigefarbenes Fell um die Nüstern aus. Das sogenannte Mehlmaul ist nur eines der Kennzeichen der Przewalskipferde. Ob es tatsächlich ein Merkmal der Rasse ist, darüber streiten sich Forscher bis heute. Es könnte auch auf die eingeschränkte Auswahl des Erbgutes zurückzuführen sein, denn die genetische Vielfalt geht nur auf 13 Individuen zurück. In den 1960er-Jahren wären die letzten Vertreter dieser eurasischen Wildpferde fast ausgestorben, wenn nicht Großgrundbesitzer und Tierparks einige der Pferde in Gefangenschaft gehalten hätten. Auf den Bestand baut die gesamte Population der Przewalskis auf. Die Pferde sind Kulturflüchter und haben sich von den Menschen zurückgezogen, als diese sich die Steppenlandschaft eroberten. Erst 1992 wurden die Przewalskis in die Wüste Gobi gebracht worden, wo sie 1997 ausgewildert wurden. Heute erholen sich die Bestände, was u. a. auch auf ein Schutzprojekt im ungarischen Nationalpark Hortobágyi zurückzuführen ist, das eng mit der Mongolei zusammenarbeitet.

CHÖWSGÖL NUUR

Die sibirischen Lärchenwälder, die den Hovsgolsee umgeben, bieten vielen Tieren Lebensraum, darunter Argalis, eine Wildschafart, Sibirische Steinböcke, Moschushirsche oder Wölfe, Bären und Luchse.

Die Mongolen verehren den Hovsgolsee (Chöwsgöl Nuur) als heiligen See und nennen ihn »Mutter Meer«. Hier soll der Sage nach die Urmutter die Welt und das Leben selbst geboren haben. Das an der Grenze zu Sibirien liegende Gewässer macht 70 Prozent des Trinkwasservorrates des Landes aus. Somit ist es nach dem Baikalsee das größte Süßwasserreservoir Asiens. Die Mongolen singen ihm Lieder oder bringen ihm Opfergaben dar, denn viele Seen des Binnenstaates sind salzig. Hovsgol ist touristisch noch unerschlossen und die meisten Menschen gehen hier der Yak- oder Pferdezucht und dem Nomadentum nach. An der Grenze zu Russland lebt ein tuvinischer

Im Wasser des gigantischen Sees leben Fische wie der über zwei Meter große Taimen, der Sibirische Weißfisch oder der endemische Omul, ein beliebter kleiner Speisefisch der Region.

Stamm sehr ursprünglich und ist berühmt dafür, auf Rentieren zu reiten. Da es rund um den See kaum Straßen gibt, hat sich dieses Volk seine Ursprünglichkeit bewahrt. Der Hovsgolsee ist einer der ältesten der Welt, er wird auf ein Alter von rund zwei bis fünf Millionen Jahre geschätzt. Die Gegend im Norden der Mongolei wäre bis heute wohl frei von festen Häusern, wenn die russischen Besatzer nicht einst über den Hovsgolsee in die Mongolei gekommen wären. Sie fuhren mit schweren Lkws über den See und bauten Dörfer wie Khatgal. Inzwischen sollen sich mehr als 40 Lkw-Wracks, die sich auf zu dünnes Eis gewagt hatten, auf dem Grund des bis zu 262 Meter tiefen Sees befinden.

MONGOLISCHE STEPPE

Wenn sich der Tag in den Sommermonaten seinem Ende zuneigt, zaubern die Sonnenstrahlen beinahe unwirkliche Lichtspiele und Reflexionen auf den Steppenboden.

Die Mongolei, dieses Land, dessen Erde seit Anbeginn der Zeit weder Bagger noch Schaufel gesehen hat, ein Land, in dem keine Häuser stehen und keine Industrie Betriebsamkeit verbreitet, strahlt Leere und eine kaum fassbare Ruhe aus – noch dazu wenn es sich derart anmutig präsentiert: Feiner grüner Flaum in vielen Schattierungen legt sich über die sanften Hügel der Steppe, Bäume tauchen ebenso wenig auf wie landwirtschaftlich genutzte Felder. Einzig Gräser und Kräuter gehören zur Vegetation. Hin und wieder tüpfelt sich eine weiße Jurte in das Grün oder Reiter treiben ihre Yakherden zum nächsten Weideplatz. Das Donnern der Pferdehufe hört man in dieser Stille ebenso

Vor allem im nördlichen Teil des Landes befindet sich empfindlicher Permafrostboden unter dem Gras, hier wachsen alle Pflanzen um ein Vielfaches langsamer als in den gemäßigten Breiten.

weit wie man Besucher längst sichtet, bevor sie in Rufweite sind. Was immer noch so friedlich wirkt, ist aber vielerorts bedroht, denn unter dem jungfräulichen Steppenboden lagern wertvolle Diamanten, Gold, Seltene Erden oder Kohle. Die Mongolei steht an der Spitze der rohstoffreichsten Länder der Erde. Erbarmungslos verfolgen wirtschaftliche Interessen die Ausbeutung des Landes und bedrohen dabei so hochgefährdete Arten wie den Schneeleoparden, der hier sein Habitat hat. Diverse Umweltschutzorganisationen aus aller Welt kämpfen inzwischen darum, mehr Schutzgebiete einzurichten und diese besser zu überwachen.

WÜSTE GOBI

2000 Kilometer lang und bis zu 800 Kilometer breit ist die Wüste Gobi, die sich im Süden der Mongolei und im Norden von China erstreckt. Damit ist sie fast dreimal so groß wie Deutschland.

Schnee in der Wüste, das klingt paradox. Diese Widersprüchlichkeit ist im Winter in der Gobi zu sehen. Die nördlichste Wüste der Welt ist bekannt für ihre Extreme. Das kontinentale Klima sowie die Lage sorgen für Temperatursprünge von plus 50 auf minus 50 °C in nur wenigen Tagen. Wenn sich die Sanddünen in einen hauchdünnen Schleier von Flocken hüllen, präsentiert sich eines der

trockensten Gebiete der Erde in einem unwirklichen Bild. Der Schnee weht aus der fernen sibirischen Tundra herbei. Sein wertvolles Wasser hat keine Chance, zu versickern. Bevor es schmelzen kann, verdampft es. Übrig bleiben nur Kristalle, die sich als Salze ablagern. Die Gobi reicht vom Süden der Mongolei bis nach China. Ganz streng betrachtet, müsste man sie als Wüstensteppe bezeichnen, weil sie feuchter ist als eine echte Wüste. So bringt die Gobi eine eigene Vegetation hervor, vor allem im Osten ist sie wasserreicher. Die Gräser, die dort wachsen, wären Hindernisse weiterer Desertifikation. Aber die Nomaden züchten Kaschmirziegen. Diese liefern nicht nur wertvolle Wolle, sondern reißen das Gras mitsamt Wurzeln heraus, sodass die Gobi unaufhaltsam wächst.

Trampeltiere können mehrere Tage ohne Wasser in der Wüste überleben, was sie als Lastentiere so sehr beliebt gemacht hat.

Lange Wimpern, zotteliges Fell, zwei spitze Höcker und ein langer Hals – die Trampeltiere Asiens entsprechen am ehesten dem westlichen Klischee eines typischen Kamels. Als Lastentiere sind sie in China und der Mongolei weit verbreitet und werden gezüchtet. Doch die wild lebende Art dieser Kamele mit ihrem ursprünglich gebliebenen genetischen Pool ist stark gefährdet. Die Tiere werden be-

jagt, von Bergarbeitern erlegt und aus ihren Lebensräumen mehr und mehr verdrängt. Ihr Fleisch ist begehrt in der Wüste, das Fell Bestandteil von Decken, und die Höcker liefern den Menschen wertvolles Fett. Inzwischen gibt es wohl weniger als 350 Exemplare dieser Trampeltiere in der mongolischen Wüste Gobi, Wissenschaftler rechnen damit, dass der Bestand in den nächsten 20 Jahren um 85 Prozent abnimmt. Diese Art wird von manchen Forschern auch als Salzwasserkamel bezeichnet, weil es mehr als andere Kamele in der Lage ist, salziges Wasser zu trinken. Seine oval geformten roten Blutkörperchen sind der Garant dafür, dass diese Tiere innerhalb von zehn Minuten bis zu 150 Liter Wasser aufnehmen können, ohne ihren Elektrolythaushalt zu überfordern.

An das extreme Klima der Wüste haben sich Tierarten wie der Asiatische Esel, Ziegen und Kamele angepasst. Zu den Raritäten gehören hier Schneeleoparden oder der Gobibär. Letzterer ist der einzige Braunbär,

der in der Wüste lebt und stark vom Aussterben bedroht ist, wie auch der Schneeleopard. Zu den typischen Vertretern der Flora gehört die rosafarbene Prunkwinde.

CHANGBAI SHAN

Von den schroffen, schneebedeckten Bergen des Changbai-Gebirgsmassivs wird der bis zu 200 Meter tiefe Tianchi-See, der »Himmelssee«, in der Provinz Jilin an der Grenze zu Nordkorea eingerahmt.

Changbai Shan bedeutet »ewig weiße Berge« – zu Recht: Das meist schneebedeckte Gebirgsmassiv liegt im Nordosten Chinas an der Grenze zu Nordkorea. Es ist das größte Naturschutzgebiet des Landes und bietet seltenen Pflanzen und Tieren, wie bestimmten Heilkräutern, den Mandschurischen Tigern oder den Schneeleoparden, eine Heimat. Der berühmteste Gipfel ist der 2744 Meter hohe

Baitou Shan, der »Weißkopfberg«, ein stets vereister Vulkan, der zum letzten Mal vor etwa 300 Jahren tätig war. Sein riesiger Krater füllte sich im Laufe der Jahrhunderte mit Wasser und bildete den Tianchi-See aus, den »Himmelssee«. Die hier lebenden Menschen betrachten den See als göttliches Geschenk, das nur »Glückbegünstigte« zu sehen bekommen. Der fast immer spiegelglatte See hat kristallklares Wasser und reflektiert bei schönem Wetter die ihn umragenden grotesken vulkanischen Felsformationen. Er liegt in über 2000 Metern Meereshöhe und ist von September bis Juni zugefroren, doch auch dann gibt es Stellen, die durch heiße Quellen eisfrei bleiben. So kann auch das sagenumwobene Seemonster, das angeblich schon gesichtet wurde, im Winter überleben.

HESHIGTEN-GEOPARK

Schroffe Felsformationen ragen wie Skulpturen in die Landschaft. Sie sind Überbleibsel einer Gebirgskette, die im Laufe der Jahrtausende vom Frost bearbeitet wurde.

Gletscher und Wüste in einem – diese Gegensätze vereint der Heshigten-Geopark auf einer Fläche, nur wenig größer als die Insel Fuerteventura. Eingerahmt von Hinggan- und Yangebirge befindet sich das Schutzgebiet im Norden Chinas auf dem Areal der Inneren Mongolei. Der Park unterteilt sich in acht Abschnitte, die alle ihre ganz eigenen Charakteristika haben. Grasland wie Flüsse, Feucht-

gebiete und Vulkanlandschaft prägen das Aussehen. Der Arshihaty-Granitwald entspricht einer Landschaft voller natürlicher Stelen. Hier hat der Frost das eingedrungene Tauwasser in mächtiges Werkzeug verwandelt, das große Stücke der einstigen Felsen im Laufe der Zeit einfach abgesprengt hat. Jetzt stehen diese Granitfelsen wie Nadelspitzen in der Landschaft. In der Qingshan-Region hingegen sind Gletschertöpfe die Hauptsehenswürdigkeit. Aus dem Boden sprudelnde, heiße Quellen in der Reshuitang-Region des Parks locken Besucher ebenso an wie Vulkanketten, obwohl der Geopark mit seiner Randlage schlecht zu erreichen ist. Besonders im Herbst, wenn der Fluss Xilamulun Nebelschwaden über Berge und Ebenen schickt, ist die Landschaft wunderschön.

BADAIN JARAN

Badain Jaran bedeutet in der mongolischen Sprache »wundersame Seen« – verständlich, da keine Zuflüsse zu erkennen sind. Vielmehr werden sie durch unterirdische Quellen vom fernen Himalayagebirge gespeist,

Weiße Krusten setzen sich so kontrastreich auf dem dunklem Boden ab, als würde die Erde schwitzen. Wie helle Ringe sehen sie aus. Es sind Salzränder, Zeugnisse austrocknender Seen. Zwischen den Kalkfelsen und den riesigen Sanddünen verwandeln die Kristalle die Landschaft der Wüste Badain Jaran nahezu in einen anderen Planeten. Manche der Dünen werden bis zu 500 Meter

hoch. In der Gobi, zu der diese Wüste im Westen Chinas gehört, finden sich die höchsten Sanddünen der Welt. Nachts pfeift der Wind eisig um die Berge und singt seine eigenen Lieder. Bis zu 105 Dezibel Lautstärke werden erreicht, wenn die Luftmassen über die hohen Dünen wirbeln und dabei tiefe Töne erzeugen, die ebenfalls nicht von dieser Welt zu sein scheinen. Wenn sich dann am Fuße der gigantischen Sandhaufen kleine Flüsse mit grasgrünen Wiesen schlängeln, wirkt die Szenerie gänzlich unwirklich. Geradezu dem Fantasiereich zu entstammen scheinen die knallrot gefärbten Seen. Einer Algenart ist diese Farbe zu verdanken. Da kaum Regen in der Region fällt, entstammt das Wasser dieser Seen aus unterirdischen Quellen.

die diesem chinesischen Teil der Wüste Gobi ein wenig Feuchtigkeit spenden. Salzablagerungen und Algenwuchs verursachen an vielen Stellen eine seltsam anmutende Farbenpracht.

BASHANG-PLATEAU

Das Hochland ist auch die Heimat des Przewalskipferdes. Als letztes echtes Wildpferd in den 1970er-Jahren fast ausgerottet, ist es nun wieder in Freiheit anzutreffen.

Auf ihren langen Wanderungen gehen die Tiere eng hintereinander. Bei Gefahr bilden die Pferde, die im Lauf bis zu 70 Stundenkilometer erreichen können, einen Schutzkreis.

Wie eine endlose grüne Wüste bedecken Wiesen das Bashang-Plateau. Sanft wellen sich Hügel durch das satte Grün. Vereinzelt leuchten beigefarbene Flecken zwischen den Gräsern: weidende Schafe im Grasland der Inneren Mongolei. Weiße Reiher ziehen am Himmel vorbei, und irgendwo hört man ein Pferd galoppieren. Bashang gehört zu den ursprünglichsten Gegenden in der Nähe von Peking. Wo einst die Kaiser Hirsche gejagt haben, wandern heute gerne Touristen auf der Suche nach schönen Motiven mit Kameras durch die Weite. Während die »Nördliche Rinne« von Viehherden geprägt ist, bietet der Angulinuo-See mit den sich neigenden Bäumen schöne Anblicke.

WULINGYUAN

In der Provinz Hunan liegt die wunderbare Landschaft Wulingyuan. Zwischen den über 3000 Sandsteinklippen befinden sich Flüsse, Wasserfälle und zwei große Felsbrücken.

Außerdem sind hier zahlreiche unterirdische Wunder zu bestaunen, etwa der Stalagmitenwald in einer 12 000 Quadratmeter großen Kaverne der nahe gelegenen Huanglong Dong, der »Höhle des gelben Drachen«.

Die Gipfel des Wulingyuan, die sich entlang der Ufer des Jinbianxi verteilen, wurden aus einer 500 Meter starken Sedimentschicht durch die Kräfte der Erosion geformt. Die Täler zwischen ihnen sind so schmal, dass dort keinerlei Landwirtschaft möglich war. Daher blieb diese Region in der Provinz Hunan im Südosten Chinas weitgehend unbesiedelt. Nahezu alle auffälligeren Felsen tragen heute blumige Namen. Das ganze Areal ist dicht bewachsen und von Wasserläufen durchzogen. Rund 3000 Pflanzenarten wurden hier gezählt, die Luft ist grundsätzlich sehr feucht. Zu den weiteren besonderen Attraktionen dieser Landschaft gehören außerdem zwei natürliche Brücken.

HUANG SHAN

Das Huang-Shan-Gebirge ist eine der berühmtesten Bergregionen Chinas. Mit seinen bizarr geformten Felsen und knorrigen Kiefern entspricht es dem chinesischen Landschaftsideal, wie es aus zahlreichen alten

»Wer einmal den Huang Shan sah, wird es nie bedauern, andere Berge nicht gesehen zu haben«, sagt ein chinesisches Sprichwort. Das Gebirge, auch die »Gelben Berge« genannt, ist eines der berühmtesten des Landes und war durch alle Zeiten hindurch oft ein Motiv für Malerei und Dichtung. Die Faszination ist geblieben. Heute noch pilgern Maler, Dichter und Fotografen hierher, um das frühmorgendliche Schauspiel der aus den Nebelwolken auftauchenden Felsformationen zu bewundern. Der Huang Shan gilt mit seinen über 70 Gipfeln als die idealtypische chinesische Landschaft. An vielen Stellen stehen Tempel und Pavillons zur Betrachtung der wilden Landschaft.

Tuschezeichnungen bekannt ist. Zu seinen Bergen gehören der Gipfel der himmlischen Hauptstadt und der Lotusgipfel, zu dem die »Hundert-Stufen-zu-den-Wolken-Treppe« emporführt.

TIAN SHAN

Auch China hat seinen gewaltigen Grand Canyon im Norden des Tian-Shan-Gebirges: den Kuitun-Canyon, der vom gleichnamigen Fluss in den Fels gegraben wurde.

Das Tian-Shan-Gebirge erstreckt sich über fast 2500 Kilometer von Tadschikistan bis weit nach China hinein. Zum UNESCO-Weltnaturerbe wurden vier Bereiche mit insgesamt rund 6000 Quadratkilometern erklärt. Es beginnt im Westen mit dem Tomur (7443 Meter). Dann folgen die Bereiche Kalajun-Kuerdening und Bayinbuluke. Den Abschluss im Osten bildet die Bogdakette. Die von großer landschaftlicher Schönheit geprägte Region kennzeichnen hohe Berge und Gletscher, üppige Wiesen und Wälder, klare Flüsse und Seen, weite Täler und enge Canyons. In scharfem Gegensatz dazu steht die wüstenhafte Umgebung im Süden wie im Norden des Gebirges. So entsteht ein Kontrast zwischen heißen und kalten, trockenen und feuchten, üppigen und eintönigen Lebensräumen. Die Landformen und Ökosysteme existieren hier unverändert seit dem Pliozän – Fauna und Flora hatten genügend Zeit, sich der ökologischen Vielfalt anzupassen. Das geschützte Bergrefugium ist vor allem wichtig für so manche bedrohten Tiere wie die Schneeleoparden, aber auch für nicht gefährdete Wildtierarten wie den Tian-Shan-Bär, den Ibisschnabel, Luchs und Uhu.

Von Lärchen und Zirbelkiefern ist der Bewuchs der bis zu 4506 Meter hohen Gipfel geprägt. Der höchste Berg im chinesischen Altai ist der Ovtschuun Uul mit 3517 Metern.

Mit seinen mehr als 4000 Meter hohen Gipfeln überspannt dieses Gebirge vier Länder: Russland, China, die Mongolei und Kasachstan grenzen an den Altai. Sein Name bedeutet »Goldene Berge« und weist auf die reichen Bodenschätze unter den Felsen hin, aber auch auf die Schönheit dieser kargen Landschaft. Der Altai ist vielleicht die abgeschiedenste Region Chinas, es führen keine

asphaltierten Straßen in die Berge, und so ist es kein Wunder, dass sich hier eine ursprüngliche Lebensweise erhalten hat. Obwohl vier Länder sich diese »Heiligen Berge«, wie sie die Einheimischen nennen, teilen, haben die Völker viel Gemeinsames: Sie leben ein nomadisches Leben mit Rundzelten, Viehzucht und wenig Luxus und Komfort. Ihrem Glauben zufolge soll in den Ebenen dieser Berge das heilige Land Shambala liegen. Sicher ist, dass das Massiv mit seinen vielen Eisflächen eines der größten Gletschervorkommen Innerasiens ausmacht. Besonders reich ist die Artenvielfalt in der Tier- und Pflanzenwelt. Elche, Rentiere, Braunbären und Schneeleoparden fühlen sich hier ebenso wohl wie Schwarzstörche, Steppenadler sowie diverse Fledermausarten.

TAKLAMAKAN

In einem abflusslosen Hochbecken liegt die riesige, 300 000 Quadratkilometer große Sandwüste Taklamakan. Der Wind hat in der trockenen Region großartige Dünenformen geschaffen.

Schier endlose Sandmeere und Dünen bilden in Zentralasien die größte zusammenhängende Sandwüste der Erde, die Taklamakan. Ihre weite Ödnis wird nur von einigen wandernden Salzseen unterbrochen. Die Uiguren, die am Rande dieser Wüste leben, sagen von ihr: »Du kehrst nie zurück, wenn du einmal hineingehst.« Man nimmt an, dass der Sand bereits 33 Städte verschluckt hat. Der Lop Nur war einst ein riesiger, abflussloser See, der von den Flüssen aus den umliegenden Gebirgen gespeist wurde. Vor etwa 1500 Jahren änderte der wichtigste Zufluss seinen Lauf, woraufhin der See langsam versalzte und dahinschwand, bis er im Jahr 1972 vollständig eingetrocknet war.

Früher war es nur schwer möglich, diese Wüste mit Kamelkarawanen zu durchqueren. Hatten die Händler wieder grüne Regionen erreicht, waren sie zunächst in Sicherheit, aber die Rast kostete hohe Steuern.

KUNLUN SHAN

Das Kunlun-Hochgebirge verläuft vom Karakorum in Richtung Osten und bildet auf 2500 Kilometern Länge die Grenze zum Hochland von Tibet. Die Gebirgskette weist mehr als 200 über 6000 Meter hohe Gipfel auf.

Die Göttin der Unsterblichkeit soll in diesen Bergen wohnen. Xiwangmu gehört im Taoismus zu den ältesten Gottheiten und soll nicht nur an der Schöpfung selbst mitgewirkt haben, sondern die reine Weiblichkeit verkörpern, das Yin. In den bis zu knapp 7200 Meter hohen Gipfeln des Grenzgebirges zu Tibet haben sich die uralten Wurzeln des Taoismus erhalten, und das Gebirge zählt zu den wichtigsten Pilgerstätten der Anhänger. Viele Gläubige leben hier nach strengen Regeln. Tatsächlich gibt es in der Region auch noch Phänomene, die wie Wunder anmuten. So fällt zwar in den Bergen oft im Juni noch Schnee, dennoch bleibt die Quelle des Flusses Kunlun immer frostfrei.

Die höchste Erhebung ist der Muztag mit 7724 Metern. Bei einem Beben im südlichen Kunlun Shan riss 2001 auf einer Länge von etwa 400 Kilometern die Erdoberfläche auf.

ZHANGYE-DANXIA-GEOPARK

»Regenbogenberge« werden diese bunten Felsformationen im chinesischen Geopark Zhangye Danxia auch genannt. Und sie bieten eine Farbpalette, die auf den ersten Blick unecht aussieht.

ZHANGYE-DANXIA-GEOPARK

Doch die Färbung des Sandsteins ist tatsächlich eine hübsche Laune der Natur – und diesmal nicht auf Chemikalien oder sonstige giftige Abfallstoffe der Zivilisation zurückzuführen.

Manche Landschaften scheinen derart unwirklich, dass man glaubt, der Mensch habe nachgeholfen. Im Zhangye-Danxia-Geopark verstärkt sich dieser Eindruck extrem, wenn sich eine Weite aus Berghängen vor dem Auge auftut, die aussieht, als ob Maler kunterbunte Streifen mit riesigen Pastellstiften hineingemalt hätten. Doch die Regenbogenfarben der Berge sind tatsächlich natürlichen Ursprungs. Über Millionen von Jahren ist der einst rote Sandstein ausgewaschen worden und die darunterliegenden Erdschichten wurden freigesetzt. Kombiniert mit dem Wüstenklima samt harschem Frost und Wind, hat sich hier eine ganz besondere Struktur gebildet. Wie perfekte Linien ziehen sich die verfärbten Sedimentschichten kilometerweit durch die Landschaft.

Eine Landschaft wie von einem anderen Stern: Die roten Sandsteinberge, die auch andernorts in China vorkommen, werden als »Danxia« bezeichnet, was so viel wie »rote Wolken« bedeutet.

Wie Ölmalerei wirken die roten Berge vor der Kulisse des blauen Himmels. Im Lauf von 600 Millionen Jahren wuschen sich die Farben aus dem Fels und schufen harmonisch wirkende Hügelformen.

HOCHLAND VON TIBET

Viele Tibeter führen nach wie vor ein Leben als Nomaden und betreiben vor allem Wanderviehwirtschaft. In den Sommermonaten nutzen sie die rauen Hochtäler extensiv als Weiden für ihre Schafe, Ziegen und Yaks.

HOCHLAND VON TIBET

Das tibetische Hochland ist das höchste Plateau der Erde. Es entstand vor rund 50 Millionen Jahren, als die Indische Platte auf den asiatischen Kontinent stieß.

Beim Blick auf die Landkarte findet man das Hochland von Tibet im Herzen Asiens. Im Süden wird es von den Gipfeln des Himalaya begrenzt. Im Westen ragen das Pamir- und das Karakorumgebirge auf. Im Norden neigt sich das im Mittel 4000 bis 5000 Meter hoch gelegene Hochland hin zur Wüste Gobi, während ostwärts die Osttibetischen Randketten die Ebene begrenzen. Vom Hochland aus bahnen sich gewaltige Ströme ihren Weg zum Indischen und Pazifischen Ozean: Brahmaputra, Salween, Mekong, Jangtsekiang und Huang He. Das Hochlandgebiet ist reich an Seen und warmen Quellen und von atemberaubender und magischer Schönheit für seine Besucher. Bis zum Einmarsch der Chinesen 1951 lebten die Tibeter in einer Art Mönchsrepublik.

In dem Hochgebirgsraum sind die Gipfellagen vergletschert. Die Hochflächen tragen eine schüttere Pflanzendecke, die von ihren Lauf immer wieder verändernden Flüssen und Bächen genährt wird.

Seltenen Tieren wie Saigaantilopen, Asiatische Schwarzbären oder Tibet-Wildesel bietet das Hochland einen wichtigen Schutzraum – und den Schafen eine gigantische Weidefläche.

Die weiten Ebenen, die oftmals auch als »Dach der Welt« bezeichnet werden, reichen über das Areal des Autonomen Gebietes Tibet hinaus: Nordindien, Bhutan und Nepal gehören ebenso dazu wie der heute chinesische Teil. Es ist ein Land der extremen Bedingungen: Tiefe Schluchten, die höchstgelegenen Seen der Welt, weite Steppen und dichte Wälder – aber auch Wüsten – machen hier das Landschaftsbild aus. Und immer wieder beeindruckt darin die tiefe Spiritualität der hier lebenden Menschen die Besucher. In den letzten 50 Jahren aber ist das Gebiet mehr und mehr erschlossen worden und steht kurz davor, seine einmalige Ursprünglichkeit zu verlieren.

Im Pekhu-Tso spiegeln sich die Berge des Himalaya nahe der chinesisch-nepalesischen Grenze. Der See ist knapp 30 Kilometer lang und besitzt keinen Abfluss.

Die weite Becken des tibetischen Hochlandes erscheinen im Sommer als grüne und saftige Grasländer, im Winter aber in vielen Regionen als Wüsten.

HIMALAYA

Alle 14 über 8000 Meter hohen Berge dieser Erde befinden sich in Asien: zehn davon im Himalaya, vier im angrenzenden Karakorum. Als erster Achttausender wurde 1950 die Annapurna im Himalaya bestiegen, drei

»Sitz der Götter« und »Wohnstatt des ewigen Schnees«, so nennen seine Bewohner den Himalaya. Mit zehn Achttausendern, darunter auf chinesischer Seite der Mount Everest, der Lhotse, der Shishapangma, der Cho Oyu und der Makalu, ist er der mächtigste Höhenzug der Welt. Das gigantische Gebirge reicht in einem riesigen Bogen in über 2400 Kilometern Länge von Nordpakistan bis ins südöstliche Tibet und trennt Zentralasien von dem indischen Subkontinent. Es ist vor über 50 Millionen Jahren entstanden und doch eines der jüngsten der Erde. Bis heute wächst dieses Gebirge ununterbrochen – derzeit etwa fünf Millimeter pro Jahr. Denn durch die nordwärts gerichtete

Jahre später standen die ersten Bergsteiger auf dem Mount Everest, dem höchsten Berg der Erde. Der Shishapangma ist mit 8027 Metern der niedrigste der Achttausender.

Strömung unter der Erdkruste wird Material an die Gebirgswurzel geführt, das dort auskristallisiert und den Gebirgsblock in der Tiefe verstärkt. Die in der Himalayaregion lebenden Hindus und Buddhisten verehren die Berge als heilig und glauben an deren besondere kosmische Kräfte. Die Bewohner der hoch gelegenen, meist winzigen Siedlungen führen allerdings ein hartes und entbehrungsreiches Dasein mit extremen Klimaverhältnissen. Im Himalaya leben sehr unterschiedliche Volksgruppen, von den Nachkommen der Heere Alexanders des Großen im Westen bis hin zu den ethnischen Minderheiten im südwestlichen China, friedlich nebeneinander.

SCHUTZGEBIET QOMOLANGMA

Zum gigantischen Qomolangma-Schutzgebiet gehört auch der 8462 Meter hohe Makalu, von dem aus sich hier bei Sonnenaufgang ein einmaliges Panorama des Khama-Tals mit dem Mount Everest bietet.

»Mutter des Universums« lautet Qomolangma, der tibetische Name des Mount Everest, übersetzt. Die Tibeter verehren den größten Berg der Welt. Hier sollen Berggeister wohnen, aber auch böse gesinnte Dämonen. Der Berg versorgt die Regionen mit Leben spendendem Wasser, und viele Mythen ranken sich um den Gipfel. Deswegen findet auch keine Besteigung des Mount Everest statt,

ohne dass die Sherpas eine Zeremonie abhalten, in der sie die Berggeister gütig stimmen und um Segen für den Aufstieg bitten. Letzterer ist nach wie vor gefährlich. Obwohl er das Traumziel vieler Bergsteiger ist, haben einige Menschen den Gipfelsturm mit dem Leben bezahlt – mehr als 200 Opfer hat es bereits gegeben. Was früher nur echten Profis vorbehalten war, versuchen heute mehr und mehr Amateure – und lassen sich von nepalesischen Trägern sogar ihre Zelte und Rucksäcke schleppen. Auch unter Umweltschutzgesichtspunkten ist der Hype mittlerweile umstritten. Wer es aber nach oben geschafft hat, wird bei Sonnenaufgang mit einem einmaligen Ausblick belohnt: glitzernder weißer Schnee, graue, schroffe Berge und ein leuchtend blauer Himmel.

Zwei Routen führen auf den Mount Everest: die Nord- und die Südroute. Im Jahr 2015 ereignete sich aufgrund des Erdbebens in der Region das bislang schwerste Unglück dort, 18 Bergsteiger kamen ums Leben.

CHOLA SHAN

Über 30 Gletscher erstrecken sich in dem Gebiet des Chola Shan. Die zwei größten fließen entlang der Täler an der Nord- und der Südostseite des Hauptgipfels Rongmai Angzha (6168 Meter) und treffen sich auf einer

Im ehemaligen Osten Tibets, weit im Westen des heutigen Sichuan und fernab von allen größeren Städten, erstreckt sich die nahezu unberührte schmale Gebirgskette Chola Shan. Unter Kletterfreunden gilt sie als Geheimtipp – gerade aufgrund ihrer Unberührtheit. Mehr als 6000 Meter hoch sind die zwei höchsten Berge des im Süden vom Shaluli Shan fortgesetzten Gebirgszugs. In den Tälern liegen verstreute Dörfer, in denen die Zeit stehen geblieben scheint; das alte Tibet lebt hier mehr oder weniger unbehelligt weiter. Vor allem im Juli können sich Liebhaber besonderer Pflanzen über ein gelbblühendes Mohngewächs *(Corydalis scaberula)* auf Pässen in 4800 Meter Höhe freuen.

Höhe von 4300 Metern, bevor sie sich in den Yillhun-Lhatso-See ergießen (linke Seite). Die harschen Granitgipfel schaffen reizvolle Kontraste zu den mit Fichten bestandenen Tälern.

NR YADING

Eine Wanderung hier soll von schlechtem Karma befreien. Doch auch für diejenigen, die nicht an Wiedergeburt, dafür aber an Naturschönheit glauben, lohnt der Abstecher ins Yading-Naturreservat.

Einer der drei heiligen Berge ist der Chagna Dorje, der Sitz des Gottes der Macht. Mit 5968 Metern Höhe ist er allerdings niedriger als der Chenrezig, in der Tat mächtig zeigen sich die vergletscherten Flanken.

Über einen der drei heiligen Berge des Yading-Naturreservats schrieb Anfang des letzten Jahrhunderts der Abenteurer Joseph F. Rock: »Die Chenrezig-Kuppe ähnelt einem großen weißen Thron, wie ihn lebende Buddhas zur Mediation benutzen – ein Sitz, der einer tibetischen Gottheit angemessen ist!« Rock durchstreifte als erster Ausländer zu jener Zeit das östliche Tibet auf der Suche

nach seltenen Pflanzen. Es heißt, die knapp acht Tage dauernde Umrundung der drei heiligen Berge, zu denen neben Chenrezig, dem Sitz des Gottes des Mitgefühls, Jampayang, der Sitz des Gottes der Weisheit, und Chagna Dorje, der Sitz des Gottes der Macht, gehören, befreie von dem während eines ganzen Lebens angesammelten schlechten Karma.

Willkommen in einer Welt voll Schnee und Eis: Der Milchsee im Naturreservat Yading ist ein beeindruckender Gletschersee unterhalb des Chenrezig (unten).

Über ihm liegt der Fünf-Farben-See (Wu Se Hai, unten) auf einer Höhe von 4530 Metern, der vom Milchsee über einen Trekkingpfad erreicht werden kann und Letzteren an Schönheit fast noch überbietet.

NATURSCHUTZGEBIET JIUZHAIGOU

Aus den Seen ergießen sich Wasserfälle, die in weitere Wasserbecken stürzen und wiederum neue Seen bilden. Und die Natur greift dabei mittels Algen noch kräftig in die Farbtöpfe wie beim Pfauensee (unten).

Aus einer Höhe von 2000 Metern ziehen sich im Nordwesten von Sichuan drei y-förmig ineinander übergehende, dicht bewaldete Täler hinauf, überragt von bis zu 4700 Meter hohen schneebedeckten Gipfeln. Der karstige Untergrund reichert versickerndes Wasser mit Kalziumsalz an, das in Form großer Kalksinterterrassen wieder zutage tritt. Berühmt ist das Naturschutzgebiet auch für seine Wasserfälle – der größte stürzt fast 80 Meter tief hinab. Mehrere Seen leuchten in verschiedenen Farben, von Gelb über Giftgrün bis Blau. Mit seinen einsamen Seitentälern ist der Landschaftspark auch ein Refugium für seltene Pflanzen- und Tierarten, etwa für die gefährdeten Riesenpandas.

Die schönste Reisezeit für das Jiuzhaigou-Tal ist vielleicht der Herbst, wenn neben den bunt schillernden Seen auch noch die rot und gelb gefärbten Laubbäume die Hänge säumen.

HUANGLONG

Die blau und türkis schillernden, terrassenartigen Pools im Huanglong-Gebiet entstanden während der Eiszeit, als die gesamte Region noch unter einem Gletscher lag.

Huanglong, das von etwa 3000 Meter Meereshöhe bis zum Schneegipfel des 5588 Meter hohen Xuebaoding ansteigende ehemalige Gletschertal im autonomen Bezirk Ngawa, ist auch bekannt als Rückzugsgebiet des Riesenpandas. Am Grund eines dicht bewaldeten Seitentals haben sich hier gelbe Kalksinterterrassen herausgebildet. Das Phänomen wird mit einem gelben Dra-

chen (chinesisch: Huanglong) in Verbindung gebracht, und diesem verdankt die seit dem Jahr 1992 unter dem Schutz der UNESCO stehende Welterbestätte auch ihren Namen. Das Wasser in den Becken schillert aufgrund der darin siedelnden Algen und Bakterien in den mannigfaltigsten Farben. Dabei weisen direkt aneinandergrenzende Becken oft ganz unterschiedliche Farbtöne auf, und durch die Reflexe von Laub, Himmel oder Wolken ergeben sich faszinierende Farbspiele. In manchen Teichen wachsen auch kleine Bäume. Die Hauptattraktion des Naturparks ist eine rund zweieinhalb Kilometer lange und 100 Meter breite stark abschüssige gelbe Travertinfläche, die von einem nur wenige Zentimeter tiefen Rinnsal bedeckt ist.

Große Pandas (unten) sind eher einzelgängerisch unterwegs und klettern auch nicht in solch große Höhen wie ihre kleineren Artverwandten, die Kleinen Pandas.

In der Provinz Sichuan lebt der vom Aussterben bedrohte Große Panda geschützt in mehreren Nationalparks. Es gibt Schätzungen zufolge nur noch etwa 1000 wild lebende Exemplare des rund 1,60 Meter langen und 80 bis 120 Kilogramm schweren Pandabären. Er ist in Höhenlagen von 1800 bis 3800 Metern zu Hause, wo er mit seinem dichten Pelz optimal an Kälte, Regen und

Schnee angepasst ist. Mit Ausnahme der Paarungszeit (April/Mai) lebt der Panda, der in Freiheit etwa 20 Jahre alt wird, als Einzelgänger. Im Spätsommer kommen die Jungen zur Welt, die dann ungefähr 18 Monate bei der Mutter bleiben und erst mit vier bis sechs Jahren geschlechtsreif werden. Als im Jahr 1975 der Bambus großflächig abstarb, verhungerten 140 Bären. Inzwischen ist die Zahl der wild lebenden Pandas wieder angestiegen. Ein weiterer Bewohner der höher gelegenen Bambuswälder Sichuans ist der Kleine Panda, auch Katzenbär genannt. Wie der Große Panda ernährt er sich vorzugsweise von Bambusblättern und -schößlingen, frisst aber genauso gerne auch Gräser, Wurzeln, Beeren und Früchte sowie Vogeleier und Nestlinge, die er nachts erbeutet.

NP DREI PARALLELFLÜSSE

In Nordwestyunnan verlaufen die drei Flüsse Jangtse (großes Bild), Mekong und Saluen (kleines Bild) auf einer Länge von rund 170 Kilometern weitgehend parallel zueinander.

Die drei Parallelflüsse, die durch die Provinz Yunnan fließen, sind die größten drei Flüsse Asiens: der Jangtsekiang, der Mekong und der Saluen. Geologisch gesehen, ist das als Sanjiang Bingliu bekannte Gebiet ungewöhnlich vielfältig. So findet man hier magmatische Gesteine, Karste, verwitterte Granite und Sandsteine. Die drei Flüsse bilden stellenweise extrem steile, bis zu 3000 Meter tiefe Schluchten. Umgeben sind sie von 118 Bergen mit einer Höhe von über 5000 Metern. Am höchsten ist der Kawagebo mit 6740 Metern. Der eindrucksvolle Drei-Parallelflüsse-Nationalpark liegt an der biogeografischen Grenze zwischen der paläarktischen und der orientalischen Region und weist Merkmale der gemäßigten und der tropischen Zone auf. Die geschützte Lage beschert beispielsweise dem Yunnan-Guizhou-Plateau ein recht mildes Klima: Die Jahresdurchschnittstemperatur liegt hier bei 18 °C. Während der Eiszeit diente das Gebiet als Korridor für viele Pflanzen- und Tierarten, die vor der drohenden Vergletscherung nach Süden auswichen. Eine große Artenvielfalt ist die Folge und zeichnet das Gebiet bis heute aus.

In diesem Gebiet finden sich fast alle Landschaftsformen und Ökosysteme der Nordhalbkugel und eine riesige Artenvielfalt. Ganz zu Beginn seines Flusslaufs macht der Jangtse eine spektakuläre Schleife.

LUOPING

Gelbe Rapsfelder, so weit das Auge reicht – dies zeichnet die Region rund um Luoping aus. Dazwischen liegen eigentümliche Hügel, die – wie von Zauberhand dorthin platziert – die Landschaft unterbrechen.

Vor allem im Februar und März fallen Heerscharen von Fotografen und Touristen über das ansonsten wenig besuchte Luoping und dessen Umgebung her. Dann stehen die Rapsfelder in voller, leuchtender Blüte und verströmen einen betörenden Duft, der Menschen und Bienen berauscht. Wobei Letztere auch den über die Grenzen des Bezirks hinaus bekannten Honig produzieren. Das geflügelte Wort »Erst Grün, dann Gelb, dann Gold« beschreibt die Reifezeit der Rapspflanzen perfekt. Als wäre das fast schon die Augen schmerzende, intensive Gelb nicht genug, vervollkommnen kegelförmige Karstberge die Schönheit der Gegend, die sich über 200 Quadratkilometer erstreckt.

STEINWALD VON KUNMING

Vor 270 Millionen Jahren entstand nahe der heutigen Stadt Kunming aus einem flachen Meer ein Karstgebirge, der Shilin-Karst. Die Felsformationen gleichen oft Tieren oder Menschen.

Als Steinwald, auf Chinesisch Shilin, bezeichnet man ein Karstgebiet 130 Kilometer südöstlich von Kunming. Aufgrund von Erosion sind im Laufe der Zeit in dem Karstgelände außergewöhnlich schöne, bis zu haushohe Steinformationen entstanden. Hoch aufragende Felsen und bizarre Gipfel haben pflanzen-, tier- und menschenähnliche Formen ausgebildet, die der chinesischen Literatur vielfach Anregungen lieferten. Sie tragen meist chinesische Namen, die in roter Schrift in den Stein eingemeißelt sind. Weitere solche Steingärten gibt es auch in der Umgebung: den Kleineren Wald der Steine im Nordwesten anschließend und den Naigu-Steinwald in acht Kilometer Entfernung.

SCHILFROHRFLÖTENHÖHLE

Die Schilfrohrflötenhöhle (»Ludi Yan«) liegt nordwestlich der Stadt Guilin. Mit ihren bizarr geformten Stalagmiten und Stalaktiten gehört sie zu den eindrucksvollsten Höhlen der Welt.

SCHILFROHRFLÖTENHÖHLE

Die Grotte »Kristallpalast des Drachenkönigs« ist so gewaltig, dass sie nahezu 1000 Menschen aufnehmen kann. Für Besucher werden die Tropfsteine in unterschiedlichen Farben eindrucksvoll illuminiert.

Schilfrohr biegt sich im leichten Wind, dahinter befindet sich versteckt der Eingang einer besonderen Höhle: Inmitten eines Karsthügels, des »Berges des Lichts«, verläuft eine 500 Meter lange und etwa 240 Meter tief gelegene Felsgrotte. Unter Tage herrscht das ganze Jahr über eine Temperatur von 19 °C. Stalagmiten und Stalaktiten ergießen sich zu bizarren Formen von Boden und Decke, ein Meer aus Tropfsteinen eröffnet sich vor dem Besucher, Lampen lassen sie in bunten Farben erstrahlen. Um die eigenartigen Formen ranken sich viele Gedichte und Geschichten. Hier befinden sich mehr als 70 Gedichte aus der Tang-Dynastie, die in den Stein gemeißelt sind und aus dem 7. Jahrhundert stammen. Sie gelten als wichtige Zeugnisse einer längst vergangenen Zeit. Lange schlummerte die Höhle in der Nähe der südchinesischen Stadt Guilin vergessen und unentdeckt, bis ein Bauer sie im Jahr 1959 zufällig bei einem Spaziergang fand. Das hohe Schilf am Eingang hatte sie lange vor Blicken geschützt. Früher wurde es von Kindern zum Schnitzen von Flöten verwendet, daher bekam die Höhle ihren Namen.

LI-FLUSS

Die romantische Natur entlang des Li-Flusses mit ihren typischen Karstfelsen macht Guilin zu einer der außergewöhnlichen Sehenswürdigkeiten Chinas.

Man rühmt die Landschaft des Flusses Li als die »schönste unter dem Himmel«. In der Dämmerung wirken Fluss und Berge besonders eindrucksvoll.

Dichter Bambushain wuchert am Ufer, während leise die Wellen des Li-Flusses ans Ufer plätschern. Hier offenbaren sich malerische Blicke auf die Gegend, die schon den Dichter Han Yu inspiriert hat. Er schwärmte, dass sich der Fluss einem grünen Seidentuch gleich durch die jadefarbenen Berge ziehe. Kühe weiden am Ufer, und mitunter plätschern Boote gemächlich vorbei. Wenn die

Sonne scheint, ergibt die Spiegelung solche optischen Täuschungen, dass die Schiffe über dem Wasser zu schweben scheinen. Die hoch aufragenden Karsthügel mit ihrem dichten Bewuchs geben dem Landstrich ein ganz charakteristisches Aussehen. Bizarre Berge, klares Wasser und badende Wasserbüffel entzücken Touristen wie Fotografen gleichermaßen.

Wie ein blaues Band schlängelt sich der Li durch die Landschaft, die mit ihren tiefgrünen Karstbergen in absonderlichen Formen ein gänzlich einmaliges Bild darbietet.

Vielen der Felsen werden mythische Geschichten zugeschrieben. So gibt es die sieben Feenschwestern und das berühmte Suchbild der neun Pferde, die irgendwo in den Hügeln versteckt sein sollen.

PAEKTUSAN

»Immerweißer Berg« heißt Paektusan übersetzt, was nicht ganz stimmt, denn im Sommer schimmert der gezackte kraterrunde Gipfel in allen Grautönen, verziert mit grünen und ockerfarbenen Sprenkeln.

Am gefährlich schönen Vulkan Paektusan vereinen sich Mythologie, Staatskult und Wissenschaft zu einer seltsamen Mischung von Verehrung und Vorwarnung. Der alte heilige »Ahnenberg« wird von den gegenwärtigen Herrschern Nordkoreas zur Selbstverherrlichung genutzt. Von hier aus sei die sozialistische Staatsgründung vorangetrieben und hier sei Herrschernachwuchs geboren worden. Wissenschaftlich gesehen, geht man davon aus, dass es sich bei dem mit mehr als 2700 Metern höchsten Berg Nordkoreas um einen der gefährlichsten Vulkane der Erde handelt. Man nimmt eine Eruption im Jahr 969 an, die eine Aschewolke bis in die Stratosphäre geschleudert hat. Bei diesem Ausbruch wäre auch der Himmelssee entstanden, der zu den größten Kraterseen der Welt zählt. Und seit einigen Jahren mehren sich die Anzeichen, dass es im Inneren des Berges rumort. Seine Magmakammer könnte erwacht sein. Wann er wieder ausbrechen wird, bleibt dennoch unklar, nicht nur, weil internationale Wissenschaftler kaum ins Land gelassen werden. Die meisten Vulkane sind nach wie vor unberechenbare Zeitgenossen, so auch dieser.

Heiße Quellen speisen den mächtigen Himmelssee Chonji, und trotzdem ist er eisig kalt. Er füllt den riesigen Krater am Gipfel des Paektusan und erstreckt sich über eine Fläche von fast zehn Quadratkilometern.

NP SEORAKSAN

Die Sonne strahlt über dem UNESCO-Biosphärenreservat Seoraksan, wo sie nicht nur von üppigen Azaleen (großes Bild) begrüßt wird, sondern auch von den schrundigen Ulsanbawi-Steinen (kleines Bild).

Gänzlich in sich ruhend und doch sehr liebevoll mit dem Geschehen im weitläufigen Park verbunden zu sein scheint die große vergoldete Bronzestatue Buddhas vor dem bedeutenden Shinheungsa-Tempel. Der Haupttempel des koreanischen Zen-Buddhismus liegt im Nationalpark. Wanderer, die zu den drachenzahnartigen Ulsanbawi-Steinen wollen, passieren den fast 1400 Jahre alten Tempel,

dessen heutige Architektur bereits 1648 entstand. Alle Wege im Park sind gut ausgebaut und selbst für nicht professionell ausgerüstete Wanderer begehbar. Doch selbst Treppenstufen können anstrengend sein, wenn es sich beispielsweise um 800 Steinstufen handelt, die den letzten Wegabschnitt auf die 817 Meter hohe Kuppe des Ulsanbawi prägen. Die höchste Erhebung im Park ist der Daecheongbong mit 1708 Metern. Wunderschöne Wasserfälle wie der Biryong, schwankende Hängebrücken, Treppenkonstruktionen an steilen Felsen, atemberaubende Aussichtspunkte – hier ist der Weg das Ziel. Wer Glück hat, entdeckt am Wegrand eine der seltenen lila blühenden *Hanabusaya asiatica*. Vom Gipfel aus eröffnet sich ein wunderbarer Blick über das waldige hügelige Parkgelände.

Zahlreiche Wasserfälle brausen über die granitenen Felsformationen des Seoraksan. Manche bilden eine frei fallende Wasserzunge wie den Daeseung. Andere formen ein kunstvolles Wassergebilde.

NP BUKHANSAN

Der Insubong ist nichts für Sonntagsspaziergänger. Wer seine knapp 810 Meter hoch gelegene Spitze erreichen will, biegt vom Hauptpfad zum Baegundae ab und hat am besten Kletterausrüstung dabei.

Ein Park, zu dem eine U-Bahn führt, lässt schon erahnen, dass Einsamkeit nicht unbedingt seine Spezialität ist. Dafür aber kann hier in unterschiedlichen Schwierigkeitsgraden gewandert und geklettert werden. Im Norden lockt der 740 Meter hohe Dobongsan. Die Wege zu ihm beginnen freundlich, entlang kleiner Bäche, über Granitstufen lässt sich höher gelangen, doch am Ende geht es fast senkrecht hinauf. Oben blickt man stolz auf die bewaldeten Hügel im Umland, doch irgendwann muss jeder wieder hinab, und dazu gehört noch mehr Mut, als hinaufzukraxeln. Etwas freundlicher zu besteigen ist der 836 Meter hohe Baegundae im Süden.

Kein Wanderer über dem Nebelmeer hat dieses Foto geschossen, sondern ein Kletterfreund auf dem Insubong in der Morgendämmerung eines vielversprechenden Maitages.

NP SOBAEKSAN

Prächtige Azaleen wirken wie farbenfroh in die Landschaft getupft als Kontrast zum steten Grün der grasbewachsenen Flächen oberhalb der Baumgrenze.

Sanft wellen sich die grünen Bergketten im Sobaeksan-Nationalpark im Sommer. Die höchste Erhebung ist der Birobong, dessen Besteigung ganz gemächlich erfolgt, vorbei am Jeokmyeolbogung-Tempel, in dem eine Buddhareliquie aufbewahrt wird. Über der Baumgrenze wiegt sich eine harmonische Graslandschaft im Wind. Zieht der Herbst ein, färben sich die Bäume im Park von tiefrot bis golden. Selbst im Winter werden Pfade freigehalten und können begangen werden. Wenn der Schnee sich als dichte Decke über die Hügel und Berge legt, kehrt eine tiefe Stille im Park ein. Und auch jetzt ist er nicht abweisend, sondern auf seine Weise so sanft wie im Sommer.

Wo Berge sind, ist Wasser nicht weit. Der Fluss Nakdonggang schlängelt sich auf vielen Wegen abwärts und mündet im Jukgyaecheon, einem beliebten Wegbegleiter durch den Park.

NP JUWANGSAN

Es ist noch nicht lange her, da war der Jusanji-Teich ein Geheimtipp für Liebhaber magisch-fotogener Orte. Als Filmkulisse für »Frühling, Sommer, Herbst, Winter … und Frühling« (2003) wurde er weltberühmt.

Ein Kleinod im wahrsten Sinne des Wortes ist der Juwangsan-Nationalpark, der kleinste Nationalparks Koreas. Wasserfälle, schmale Felswege, imposante Kalkfelsen – der wenige Raum ist ideal genutzt worden, um dem Mensch seine Kleinheit gegenüber Mutter Natur klar zu machen. Doch wer sähe ihre Schönheit, wenn nicht wir? Wenn das Abendrot die riesigen Kalkfelstürme orange zu färben beginnt, letzte Sonnenstrahlen noch einen schimmernden Regenbogen über den Dalgi-Wasserfall spannen und der Schatten des Juwang-Berges die Wege in der Abenddämmerung verschwimmen lässt, kehrt ein tiefer Frieden in die Seele ein, genährt von den harmonischen Kontrasten im Park.

Es gibt Tageszeiten, da scheinen Bäume heimlich zu tanzen. Normalerweise werden sie dabei nicht von Menschen beobachtet und schon gar nicht fotografiert wie diese heiligen Kiefern im Park.

Wunderschöne Wildnis trifft im Gyeongju-Nationalpark auf uralte Kulturschätze. Im einzigen historischen Nationalpark Koreas kommen Natur- und Kulturliebhaber gleichermaßen auf ihre Kosten. Die riesigen bemalten Holztüren am Mangwolsa-Tempel sind mindestens so beeindruckend wie die Rückenzeichnung einer hiesigen giftigen Tigernatter, von der sich Wanderer möglichst nicht beißen lassen sollten. Natürliche Felsverwitterungen zeichnen ihre Muster neben in den Granitstein geschnitzte Buddhafiguren. Der berühmte Bulguksa-Tempel, Markenzeichen des Parks, steht seit fast 1500 Jahren an seinem Platz, wenn auch kein Stein mehr aus der alten Silla-Zeit stammt.

SCHUTZGEBIET DAEDUNSAN

Im Spätsommer bezaubert das bunte Herbstlaub zwischen kargen Felsabschnitten. In diesem Park sind es weniger die Wege als die Aussichten, die sich lohnen.

Das schrundige Umland um den Gipfel des Daedun-Berges erinnert im Spätherbst an den Rücken eines riesigen Reptils aus grauer Vorzeit. Einige buddhistische Tempel stehen im Schutzgebiet. Auf den 878 Meter hohen Gipfel führt ein Pfad, der zwei Besonderheiten aufweist. Eine jagt höhenängstlichen Menschen Furcht ein: Die riesige rote Stahlhängebrücke, durch deren Gitterritzen

hindurch in die Tiefe geschaut werden kann, baumelt zwischen zwei Felsen. Kurz darauf ist eine enorm steile, ebenfalls rot bemalte Stahltreppe zu bezwingen, eher eine Stahlleiter. Das letzte Stück des Weges hinauf führt über eine Art natürliche Steintreppe, die bei Kälte und Regen Rutschgefahr birgt. Da das ganze Jahr über recht viele Besucher den kleinen Park mit seinen markanten Felsformationen besuchen, ist das Wegesystem als Einbahnstraße angelegt, und der Rückweg führt nicht über Leiter und Hängebrücke, sondern auf der Rückseite des Berges hinab zur Seilbahn. Dort geht es bedeutend beschaulicher zu, und zutrauliche Vögel können aus der Hand gefüttert werden. Danach schaukelt die Bahn die Parkgäste gemächlich wieder ins Tal hinab.

Pläne, die wild wachsenden üppig blühenden Azaleen mittels Schafzucht zu bändigen, sind wohl fehlgeschlagen, denn Azaleen sind fast überall im Park zu finden, Schafe dagegen keine.

Sogar einige Asiatische Schwarzbären, auch Mond- oder Kragenbären genannt, durchstreifen die schier unendliche Weite dieses Nationalparks, dessen höchster Berg, der Cheonwangbong, fast 2000 Meter aufragt. Die Bären sind scheu und zeigen sich selten den menschlichen Besuchern im Gelände. Dennoch kommen die Wanderer gern hierher. Die Wege durch den Park sind anspruchsvoll und bei jedem Wetter reizvoll. Ob dichte graue Wolken in Tälern wie dem Baemsagol-Tal wie weidende Schafe entlangziehen, ob das tiefe Rot der Ahornbäume im Herbst weithin leuchtet, ob die Japanische Kirsche im Frühling zartrosa erblüht oder im Sommer die Kiefern nach Sonne duften – der Park strahlt immer etwas Paradiesisches aus. Der größte bergige Nationalpark Südkoreas ist zugleich auch der erste seiner Art im Land. Doch nicht nur Naturschönheit wird hier geschützt und gewürdigt. Auch buddhistische Heiligtümer wie die berühmte dreistöckige Pagode an der Baekjangam-Einsiedelei fügen sich harmonisch in die Landschaft ein. Pflanzenheilkundige finden im Park Kräuter für diverse Medizin, auch die Zutaten für traditionelle Teerezepte wachsen hier noch wild.

Der Tuffkegel Songsan Ilchulbong auf der südkoreanischen Insel Jejudo, der hier vom Vollmond beschienen wird, ist das Ergebnis eines Vulkanausbruches auf dem flachen Meeresboden.

In der Nähe von Seogwipo, der zweitgrößten Stadt der Insel Jejudo, erstrecken sich herrliche Küstenabschnitte, an denen bemooste Felsen die Wasserkraft abbremsen.

Die Insel Jejudo vor der Südküste Koreas ist ein untermeerischer Schildvulkan auf einer Kontinentalplatte, entstanden über einem Hotspot – einer »Schwachstelle« in der Erdkruste, die aus dem Erdinneren heraus von aufsteigendem Magma aufgeschmolzen wird. Den größten Teil der Insel, die als Weltnaturerbestätte gilt, macht das Naturschutzgebiet um den 1950 Meter hohen Hallasan

aus; es umfasst die Region in 800 bis 1300 Meter Höhe. Dazu gehören ein Krater mit einem 1,6 Hektar großen See, Wasserfälle und Kliffe aus Basaltsäulen, zudem fünf Lavatunnel. Sie entstanden, als die oberste Schicht Lava abkühlte, hart wurde und als festes Dach über einem Bereich stehen blieb, in dem die heiße Lava weiterfloss. Als diese versiegte, blieb eine Hohlform übrig.

NP SHIRETOKO

In anmutiger und stiller Schönheit spiegeln die fünf Shiretoko-Goko-Seen die umliegenden Berge. Der Vulkan Io hat sie einst entstehen lassen, unterirdische Quellen speisen die blauen Kleinode.

Kalter Wind aus Sibirien lässt das Meer nirgends so weit südlich auf der Nordhalbkugel wie vor der Küste Shiretokos im Nordosten von Hokkaido zufrieren. Unter der Eisschicht entwickeln sich große Mengen an Phytoplankton, das am Anfang einer langen Nahrungskette steht. Es ist die Nahrungsgrundlage von Krill und anderen Wassertierchen. Von diesen ernähren sich Schalentiere und

kleine Fische, die wiederum von größeren Fischen, Meeressäugern wie Robben und Seelöwen sowie Seeadlern gefressen werden. Zum Laichen schwimmen Lachse und Forellen die Flüsse ins Landesinnere hinauf. Sie sind Nahrung für Braunbären sowie für die vom Aussterben bedrohten Riesenfischuhus und Riesenseeadler. Für die enorme Produktivität des marinen Ökosystems ist auch der unterschiedliche Salzgehalt der Wasserschichten verantwortlich. Diese vermischen sich kaum, weil ins Ochotskische Meer keine großen Flüsse münden. Vor der Küste von Shiretoko wurden insgesamt 223 Fischarten, darunter zehn Lachsarten, sowie 28 Meeressäuger gezählt. Besonderen Schutzes bedarf der bis auf eine opulente Mähne nahezu haarlose Steller'sche Seelöwe.

Wasserfälle wie dieser kaskadenförmig den Felsen umspülende Oshinkoshin sind auf der gesamten Halbinsel Shiretoko zu finden.

Zu Füßen des Asahidake, des höchsten Berges von Hokkaido, liegen einige Seen, die auch teilweise durch heiße Quellen gespeist werden. Ein warmes Bad kann man im Asahidake Onsen genießen.

Im Herbst leuchtet die Natur des Nationalparks in den schillerndsten Farben. Besonders an der Sounkyo-Schlucht mischt sich das gefärbte Laub spektakulär zwischen die 100 Meter hohen Felsen (rechts).

Ein guter Ausgangspunkt, um den größten Nationalpark Japans zu erkunden, ist der 1984 Meter hohe Berg Kurodake im Norden des Parks. Denn Seilbahnen und Lifte führen fast bis zu seiner Spitze. So schwebt man gemächlich über die ersten Wipfel und Hügel hinweg, und mit etwas Glück können schon einige der im Park lebenden Braunbären aus sicherer Entfernung bewundert werden. Geübte Wanderer gelangen in ein bis zwei Tagen quer durch den vielseitigen Park zum 2290 Meter hohen Asahidake, einem der fünf Zweitausender, die das Schichtvulkangelände geruhsam überragen. Dort dürfen sich die Füße nach dem anstrengenden Marsch in einer heißen Quelle laben.

NP DAISETSUZAN: TOKACHI-DAKE

Bis weit in den Mai hinein kann auf dem aktiven Schichtvulkan Schnee liegen, nur langsam weicht der Winter dem Frühling in dieser Höhe, während im Tal längst die Vögel zu brüten begonnen haben.

Für die meisten Nordeuropäer fühlt es sich ein wenig unheimlich an, zwischen aktiven Vulkanen umherzuspazieren. Doch wenn das Gemüt sich in einer der vier 1280 Meter hoch gelegenen heißen Tokachi-Onsen-Quellen für die Gegend zu erwärmen begonnen hat, kann die Erkundung um den 2077 Meter hohen Schichtvulkan Tokachi-dake beginnen. Im Herbst, wenn die Ahornbäume rot-

golden zu leuchten beginnen und die niedrigen Nanakamado-Büsche (Japanische Eberesche) das Farbspektrum aufgreifen und in höhere Lagen transportieren, während die Besucher dem Park eher fernbleiben, ist es besonders schön. Ein beeindruckendes Naturereignis nur eine Stunde entfernt von den Quellen bietet der in allen Vulkanfarben leuchtende Ansei-Krater: tiefes Schwarz, dunkelrot, zerborstene, geschmolzene Steine, vom Boden aufsteigende Nebelschwaden – ein Ort, wo Drachen hausen könnten. Im Winter zieht der touristisch wenig erschlossene Tokachi-dake Skifahrer und Snowboarder an, die abseits von markierten Pisten abenteuerliche Abfahrten suchen. Der Park wird seinem Namen gerecht: »große verschneite Berge«.

In das kobaltblaue Wasser des blauen Flusses ergießen sich die weiß schäumenden Shirahige-Wasserfälle. Form und Farbe erinnerten die Namensgeber an einen weißen Bart (japanisch: Shirahige).

NP TOWADA-HACHIMANTAI

Im herbstlichen Abendlicht vom in der Ferne sichtbaren Hachimantai-Berg aus den südlichen Park zu genießen, verleiht der Seele Flügel. Kleines Bild: Der Towada-See hat seinen ganz eigenen Zauber.

Ein Hochmoor, ein großer Vulkankratersee, heiße Quellen, dichte Wälder, hohe Berge, ein malerischer Fluss und zahlreiche Wasserfälle – der zweigeteilte Towada-Hachimantai-Nationalpark versammelt eine erlesene Sammlung von Naturschönheiten. Etwa im Sommer, wenn im Nordteil der Kratersee Towada zu einem Bad lockt. Die Sonnenstrahlen reichen weit in die glasklare Tie-

fe und verlieren sich unten in einem Dunkel, in dem die Fantasie Urzeittiere anzusiedeln beginnt. Um den See herum strahlen die mit Buchen und japanischen Eichen bewaldeten Hänge des Hakkoda-Berges. Wären wir eine hiesige Äsche, könnten wir direkt in den Oirase-Fluss überwechseln, dessen Lauf immer schon japanische Künstler zu malerischen und literarischen Ovationen bewogen hat. Es wird allmählich Herbst, die Blätter färben sich in ein buntes Spektrum aller Rot- und Gelbtöne, die Schwefelquellen verlocken nun zu einem Besuch. Nicht nur Menschen, auch Makaken, Schneeaffen, die in und an den Quellen den ganzen Winter verbringen werden, tummeln sich hier. Im südlichen Teil des Parks beginnen die Spitzen der Berge sich nun weiß zu färben.

Das Flüsschen Oirase inmitten der Parklandschaft ist nicht nur im Herbst ein Gesamtkunstwerk. Sein mäandernder Lauf, die vielen kleinen Wasserfälle und die Stromschnellen sind immer einen Ausflug wert.

Die Tatsuzawafudofälle in der Nähe des Inawashiro-Sees sind ein beliebtes Fotomotiv, bilden sie doch eine ganz klassische Komposition mit klarer Wasserkante, bemoosten Steinen und schillernder Wasserwand.

Der Bandai-Vulkanberg, nicht ganz 2000 Meter hoch, wurde lange Zeit »Steinerne Himmelsleiter« (Iwahashi Yama) genannt. Der mineralisch blau schimmernde Nakasenuma-See liegt ihm zu Füßen.

Barfuß gilt es die heiligen felsigen Ablagerungen am Yudonosan zu umrunden. Dazu werden die Füße zuvor im kalten Wasser eines Baches am Eingang zum Heiligtum gereinigt. Eine heiße Quelle steht im Mittelpunkt des traditionellen japanischen Rituals. Der Yudono-Berg gehört zur Dewa-Gruppe, drei Bergen im Norden des dreiteiligen Nationalparks, die jeweils heilige Stätten beherbergen und Pilgerziele sind. Die Stimmung im Park ist wie in vielen japanischen Nationalparks ohnehin schon sehr andächtig. Eine besondere Ausgewogenheit und Ruhe kennzeichnet das 1870 Quadratkilometer umfassende Bandai-Asahi-Gebiet. An den Dewa-Bergen liegt das Midagahara-Hochmoor, in dem die anmutige Vogelblume *(Habenaria radiata)* wächst, eine hiesige, originell blühende Orchideenart. In den schneereichen Asahi-Berge im Süden streifen zwischen Zypressen die seltsamen Japanischen Seraue umher, während hoch oben Adler kreisen. Im Südwesten überragen einige Zweitausender wie der 2128 Meter hohe Dainichi den Park, im Südosten liegt der glasklare Inawashiro-See, den im Winter Kolonien von Pfeifschwänen besuchen.

Der Kegon-Wasserfall im Nationalpark Nikko stürzt fast 100 Meter in die Tiefe und ist heute ein Pilgerziel allein für Naturliebhaber – zum Glück, denn früher zog er auch Selbstmörder magisch an.

Der Nationalpark auf der japanischen Hauptinsel Honshu ist im Herbst am prächtigsten – wenn die Blätter des Waldes in Flammen stehen und selbst rauschende Wasser den Farbenbrand nicht löschen können.

Auch Japan hat seinen Werther. Der unglücklich Verliebte hieß Fujimura Misao und stürzte sich 1903 am Kegon-Wasserfall in den Tod, der im heutigen Nationalpark Nikko liegt. Vor seinem Selbstmord ritzte der Student einen herzzerreißenden Abschiedsbrief in eine Baumrinde und wurde so zum tragisch-romantischen Helden einer ganzen Generation von Jugendlichen. Dabei gibt es

nicht den geringsten Grund, sich in Nikko das Leben zu nehmen. Ein japanisches Sprichwort sagt: »Sage nie, dass etwas herrlich sei, bevor du nicht Nikko gesehen hast.« Nicht nur der Kegon-Wasserfall ist eine Augenweide, auch die Tempel von Nikko sind es. Sie liegen in einem uralten Zedernwald und sind ein einziger barocker Farbenrausch und Formentaumel.

NP JOSHINETSU-KOGEN

Ausnahmsweise spielen die pittoresken Wasserfälle nicht die Hauptrolle im Joshinetsu-Kogen-Nationalpark auf der Hauptinsel Honshu, obwohl die Japaner ganz verrückt nach Wasserfällen sind.

Die Japaner lieben ihre heißen Quellen mit einer Inbrunst, die ebenso bewundernswert wie ansteckend ist. Wenn man durch das Land reist, kann man gar nicht anders, als ins Onsen zu gehen, in die Badeanstalten mit ihrem von Mineralien gesättigten Wasser. Das Wasser streichelt die Haut, der Dampf reinigt den Kopf, die Hitze lässt den Körper auf die angenehmste Weise erschlaffen. Deswegen sind vulkanische Gebiete mit vielen heißen Quellen wie der Joshinetsu-Kogen-Nationalpark auf der Hauptinsel Honshu so populär. »Was die Menschen können, können wir Affen schon lange«, scheinen sich die Japanmakaken zu sagen. Und so tummeln sich die Makaken im Nationalpark am liebsten in den natürlichen heißen Quellen dieses geothermisch hochbrisanten Gebiets voller aktiver und schlafender Vulkane. Doch sie tun es nicht nur aus Vergnügen, sondern auch aus Notwendigkeit. Denn hier kann es im Winter bitterkalt werden, und manchmal verschwindet die Landschaft für Wochen unter einer meterhohen Schneedecke. Ohne die Wärme der Quellen hätten die Makaken, die es in Höhen von 3000 Metern aushalten, keine Überlebenschance.

Wie ein Bergsteiger kurz vor Erreichen eines Achttausendergipfels sieht dieser Japanmakak aus. An ihren klugen Augen lässt sich schon erkennen, wie aufmerksam sie beobachten. Doch verschmust sind sie auch.

Manchmal sehen sie aus wie Menschen im Pelzmantel, die Schneeaffen Japans, auch wenn es keine Menschenaffen sind. Vor allem wenn ihre rotgesichtigen Köpfe aus einer heißen Quelle ragen, in der sie sich im Winter stundenlang versonnen wärmen. Und ganz wie Menschen verteidigt eine Gruppe, die eine schöne Quelle ausfindig gemacht hat, diese gegen Neuankömmlinge

aus anderen Familien. Im Wasser pflegen sie ausgiebig ihr Fell, plappern angeregt oder träumen vor sich hin. Durchschnittlich 40 Männchen, Weibchen und Jungtiere verbringen ihre Zeit zusammen, sammeln gemeinsam Kräuter, Beeren, Pilze, Früchte, Nüsse, jagen Fische und Insekten oder knabbern in kargeren Zeiten an Baumrinden. Ihre Reviere liegen in Waldgebieten, sie schlafen auch zumeist auf Bäumen. Im Winter verdichtet sich ihr Fell zu einem langen dichten Pelz, um sie vor den eisigen Temperaturen im japanischen Winter zu schützen, in dem es bis zu −15 °C kalt werden kann. Die Affen gelten als sehr lernwillig, einige salzen sogar ihre Speisen mit Meersalz, seit ein aufmerksamer Artgenosse herausgefunden hat, dass dies gut schmeckt.

FUJIMI-HOCHEBENE

Kontrast und Harmonie bilden die zarten Birkenstämme, umringt von den zugleich stark und doch zerbrechlich wirkenden Lilien, die hier in allen Farben blühen und einen intensiven Duft verströmen.

Im Winter lockt das Ski- und Snowboardgebiet Menschen jeden Alters auf die Fujimi-Hochebene. Tief unter der weißen Schneedecke, unberührt von den harten Brettern, die über die weiße Kristallschicht gleiten, schlummern unscheinbare Zwiebeln, Tausende Schwestern, die auf wärmende Sonnenstrahlen warten. Wenn dann im März der Schnee taut, regen sich in der Finsternis geheime Kräfte und ein beharrlicher zarter Stängel beginnt sich emporzuschieben, der Sonne entgegen. Wenn die Sonne ihre höchste Kraft hat, die Stängel schon viele Wochen lang Regen, Wind und Hitze getrotzt haben, ereignet sich das Wunder: Große Blüten in allen Farben beginnen sich im August zu entfalten, majestätisch, betörend, fragil. Im europäischen Raum sind Lilien die vielleicht widersprüchlichsten Pflanzengeschöpfe der Kulturgeschichte. Sie stehen für himmlische Reinheit und sinnliche Avancen, zurückhaltende Eleganz und üppigen Luxus, Lebensbejahung und Todesbegleitung. Auf der Fujimi-Hochebene verblasst der kulturelle Nimbus dieser grandiosen Blume und ihre ganz eigene Erhabenheit entfaltet sich.

Üppig sich verströmend und doch auf ganz eigene Weise in sich versunken, stehen Lilien wie kaum eine andere Pflanze für das Geheimnis des Weiblichen an sich.

FUJI

Das Wahrzeichen Japans und die Essenz der japanischen Seele: Der 3776 Meter hohe Fuji auf der Hauptinsel Honshu ist nicht nur der höchste, sondern auch mit Abstand der berühmteste Berg des Landes.

Der Fuji ist nicht nur ein heiliger Berg. Der Fuji ist ein Gott. Und er ist, das sagen die Menschen hier, das Herz der Japaner. Wenn sie traurig sind, blicken sie auf den Fuji und sind wieder glücklich. Der Fuji ist auch ein Wunderberg. Wer ihn besteigt, wird ein guter Mensch, heißt es, denn da der Vulkan ein Gott ist, hat man auf seinem verschneiten Gipfel teil an der göttlichen Vollkommenheit. Deswegen pilgern jedes Jahr Hunderttausende zu diesem 3776 Meter hohen Berg, der als ehrfurchtgebietender Solitär auf der Hauptinsel Honshu steht. Niemand wagt es auch nur, ihm Konkurrenz zu machen, kein anderer Berg traut sich in seine Nähe – er kann wirklich nur ein Gott sein.

Heute ist der Stratovulkan mindestens ebenso ein spiritueller Ort wie eine Massentourismus-Attraktion. Dabei wird gerne verdrängt, dass der Fuji immer noch aktiv ist und jederzeit ausbrechen kann.

Doch für Ehrfurcht vor dem Gott ist am Fuji kein Platz. Denn nur zwei Monate beträgt die offizielle Bergsteigersaison, die immer am 1. Juli beginnt. Und in dieser Zeit will alle Welt den Berg besteigen, den angeblich im Jahr 663 erstmals ein unbekannter Mönch erklommen hat. Ein technisches Problem ist das nicht, wohl aber ein logistisches. Und so kriechen die Massen oft im Gänsemarsch dem Kraterrand entgegen, als höfliche Menschen natürlich auf jedes Drängeln verzichtend, aber eben auch nicht in einer Stimmung besinnlicher Meditation. Doch wenn man oben steht und die ersten Sonnenstrahlen den Fuji erleuchten wie ein Heiligenschein, ist alle Mühe vergessen.

SAKURAJIMA

Als befände sich dieses urtümliche Naturschauspiel auf der Sonne, so unmittelbar und hitzig sind die Ausstöße des im Süden Japans liegenden Sakurajima. Wären sie nicht mit so viel potenzieller Zerstörungskraft

verbunden, ließe sich die erhabene Ästhetik der Lavaeruptionen genießen. Eine Schönheit, die bislang noch kein menschliches Feuerwerk zu imitieren vermocht hat.

Es liegen nur zehn Kilometer zwischen der mehr als 600000 Menschen beherbergenden Großstadt Kagoshima und dem beständig rauchenden Vulkan Sakurajima im Meer. Immer wieder kommt es zu kleineren Eruptionen, manchmal quillt über Wochen Lava aus dem Inneren des ungezähmten 1117 Meter hohen Berges. Mit jeder kleinen Eruption wächst der Schlot ein wenig, werden Sedimente abgelagert, wird fruchtbare Asche in die Gegend gestreut. Die Eruptionen lassen sich an einigen Stellen aus nur drei Kilometer Entfernung bewundern. Auf die Insel führen Fähren, an ihrer Westseite wohnen sogar an die 4000 Menschen. Vermutlich lässt sich an ihnen erleben, wie sich die Bewohner Pompejis am Fuß des Vesuv gefühlt haben. Einem wütenden Ungeheuer gleich zucken Blitze in dicken dunklen Rauchschwaden, wenn wieder einmal heiße Lava aus dem Inneren quillt und sich in wulstigen Feuerformen den Berg hinabwälzt. Orange glühende Finger tasten sich den Hang hinab, die gesamte Umgebung wird in grauen Aschenebel getaucht. Es ist leicht einzusehen, wie lange Zeit geglaubt werden konnte, dieses Feuerwesen sei durch Opfergaben zu besänftigen.

Ein gigantisches Granittal empfängt den Senpiro no Taki, einen der spektakulären Wasserfälle im Park, der ganz märchenhaft in die Landschaft eingebettet ist.

Geheimnisvoll bemooste Steine werden von Bächen wie diesem umspült. Wer länger hier sitzt, erwartet fast schon das Auftauchen fremder freundlicher Geschöpfe wie im Anime-Film »Prinzessin Mononoke« (1997).

Ein geheimnisvolles Paradies voller schlangengleicher, bemooster Wurzeln, Baumhöhlen, im Halbdunkel glitzernder Augen, die sofort verschwinden, sobald der Blick herauszufinden versucht, wer da wandelt. Dazwischen rauschen die schnell über rund geformte Steine kollernden klaren Bäche, die immer wieder in kleinen und größeren Wasserfällen auf malerische Weise in die Tiefe

stürzen. Es tropft, braust, summt und raschelt überall in den subtropischen Zedernwäldern der Insel, die Inspirationsquelle zum Film »Prinzessin Mononoke« des japanischen Regisseurs Hayao Miyazaki waren und Heimat unter anderem des Yaku-Affen sind. Jomonsugi heißt der vielleicht älteste Baum Japans. Manche Messungen ergeben ein Alter von über 7000 Jahren. Damit wäre die Zeder eine weit entfernt lebende Zeitzeugin der gesamten in schriftlichen Zeugnissen zugänglichen Geschichte Europas. Dem uralten Baum sieht man an, dass er vieles miterlebt hat; er gilt als eine der Hauptattraktionen der teilweise zum Weltnaturerbe erklärten Insel, deren Strände entlang des tiefblauen Meeres an einigen Stellen aus sternenförmigen Sandkristallen bestehen.

SÜDOSTASIEN

Zwischen Thailand, Vietnam und den Philippinen liegen Landstriche, von denen man manchmal glauben möchte, sie entstammen einer Traumwelt. Etwa die Reisfelder im Hochland von Bali mit ihren Grüntönen, die sich an die Berge schmiegen. Oder der Koh-Ang-Thong-Nationalpark mit seinem unwirklich türkisblauen Wasser und den unberührten Inseln. Viele Landstriche haben Glück gehabt und wurden unter Schutz gestellt. Andere nicht – und Tierschützer machen sich große Sorgen um Gebiete wie Sepilok, in denen die letzten Orang-Utans wohnen, oder Way Kambas, wo die Sumatranashörner leben.

NP KHAO YAI

Es war ein langer Weg, bis Khao Yai 1962 als Nationalpark unter Schutz gestellt und das Überleben seltener Tiere wie des Muntjaks, einer Hirschart (linke Bildleiste Mitte), sichergestellt wurde. Im Schutzgebiet finden

Der Angriff kommt lautlos und meistens unbemerkt. Trotz aller Vorsichtsmaßnahmen finden die heimtückischen Tiere ihren Weg auf die Haut, beißen sich fest, saugen sich voll und kleben als dicker, roter Schmarotzer an Beinen oder Armen. Es ist ein Schock, wenn man die Angreifer sieht, doch im Grunde sind sie ganz harmlos. Blutegel übertragen keine Krankheiten, zapfen keine lebens-

bedrohlichen Mengen ab und lassen sich mit Salz ganz leicht entfernen. Deswegen sollte man im Khao-Yai-Nationalpark in Thailand immer einen Stock mit einem Säckchen Salz an der Spitze dabeihaben, vor allem in der Regenzeit von Mai bis Oktober. Dann sind die Blutegel am angriffslustigsten und der Park ist am prachtvollsten, weil seine Wasserfälle zu wahren Naturkunstwerken anschwellen. Manche stürzen 80 Meter tief in den Abgrund des Dschungels, andere bilden Brunnen mit Dutzenden von Becken und Schalen, und sie alle locken Trekkingtouristen an, denen hier aber noch viel mehr geboten wird – von Höhlen, in denen eine Million Fledermäuse hausen, bis zu giftgrünen Baumvipern, die viel mehr Schaden anrichten können als Blutegel.

neben zahlreichen Vogel- und Reptilienarten auch Säuger wie der wilde Gaur, Weißhand- und andere Gibbons, der Nebelparder und das Tapir (kleine Bilder linke Seite) einen Lebensraum.

PHANG-NGA-BUCHT

Ein spektakuläreres Szenario hätte sich kein Filmkulissenbauer ausdenken können: die Phang-Nga-Bucht in Thailand, die dank eines Auftragsmörders und eines Geheimagenten weltberühmt wurde.

Der Killer besaß zumindest Geschmack. Er hatte sich ein Naturwunder von überwältigender Schönheit als Hauptquartier ausgesucht, eine Bucht voller spektakulärer Kalksteinnadeln, die wie Speerspitzen oder wie die Türme einer versunkenen Stadt aus dem Meer aufragten. Der wohl markanteste Fels ist der sogenannte »Nagelberg«: Khao Tapu. Im James-Bond-Film kam daraus die Antenne, die die Welt bedrohte. Dort lebte der Auftragsmörder Scaramanga in Saus und Braus, speiste wie ein König, trank die besten Tropfen und wartete auf das alles entscheidende Duell gegen den Geheimagenten mit der Lizenz zum Töten. Als James Bond dann tatsächlich 1974 an der Bucht

Für solche Schönheiten hat der Mann, der im Auftrag Ihrer Majestät pausenlos die Welt rettet, keine Augen: die märchenhaft, unwirklichen Kalksteinfelsen in der Bucht von Phang Nga.

von Phang Nga im Südwesten Thailands auftauchte, um dem »Mann mit dem goldenen Colt« das Handwerk zu legen, war es mit der himmlischen Ruhe an diesem paradiesischen Ort ein für alle Mal vorbei. Die Filmkulisse des Showdowns wurde zu einem Klassiker des Actionkinos und die alle Fantasie noch übertreffende Wirklichkeit zu einem der beliebtesten Touristenziele in Südostasien. Heute ist die »James-Bond-Bucht« nördlich von Phuket zwar immer noch schön wie eh und je, doch fast ganz allein wie damals Roger Moore hat man sie längst nicht mehr für sich. Die Küste der Andamanensee ist gesäumt von Hunderten Palmenstränden und von Ankerbuchten zerklüftet.

KO PHI PHI

Kristallklares, türkisfarbenes Wasser, dichter Dschungel, der fast die gesamte Insel bedeckt, und bizarre Felsformationen prägen das Bild von Ko Phi Phi Don, dem größten Eiland des Archipels.

Hier lässt sich Südseetraum live erleben: Das kleinere Eiland Ko Phi Phi Leh bietet spektakuläre Felsformationen, wie beispielsweise die Höhle »Viking Cave« mit den angeblich prähistorischen Wandzeichnungen.

»The Beach«, und zwar im wahrsten Sinne. Denn diese Strände sind ein Traum. Das fand auch die Filmcrew rund um Leonardo DiCaprio, als sie im Jahr 2000 das Kinodrama auf Ko Phi Phi drehte. Feinster Sandstrand, Palmenhaine, Kokosnüsse, die einem einfach so vor die Füße fallen. Willkommen im Paradies, in der Maya Bay! Doch die Dreharbeiten zeigten auch, wie wichtig Naturschutz ist. Das

Eingreifen in die Landschaft hatte Folgen: Vor allem die Müllbeseitigung war und ist noch heute ein Problem auf der Inselgruppe. Auch weil zu den Urlaubern noch Tagesausflügler kommen. Bunt geschmückte Boote bringen sie nach Ko Phi Phi Don, der größeren und viel besuchten Insel, oder Ko Phi Phi Leh, der kleinen Schwester. Ko Phi Phi Don ist mittlerweile ein Touristenzentrum.

NP KOH ANG THONG

In einem solchen Gebiet, in dem keine Menschen wohnen, übernehmen Tiere das Regiment. Vor allem wenn im Meer und an Land eine derartige Fülle von Nahrung herrscht. So haben sich Affen auf das Fressen von

Als wolle die Natur all ihre Grüntöne auf einmal präsentieren – so zeigt sich der Nationalpark Koh Ang Thong, wenn man sich ihn von oben ansieht. Helles, türkisgrünes Wasser leuchtet reiner als mancher Edelstein, weiße, feinsandige Strände bilden einen Kontrast zu dem immergrünen Wald, an dessen Rändern einige Kokospalmen den Himmel zu berühren scheinen. Eine filmreife Kulisse, die es tatsächlich in den Hollywoodstreifen »The Beach« mit Leonardo DiCaprio geschafft hat. Es sind diese Unberührtheit und die Ruhe, die dem Nationalpark seine besondere Anmutung geben. Er besteht aus 42 Inseln, die zum Ang-Thong-Archipel gehören. Eigentlich wollte die thailändische Marine hier eine

Krabben spezialisiert, und Hornvögel und Reiher fischen bunte Meeresbewohner aus den flachen Fluten, die sich hier in einer Luftaufnahme herrlich türkisfarben zeigen.

Basis errichten und erklärte die Inseln zum unzugänglichen Gebiet, was sie vor touristischer Nutzung geschützt hat. So sind sie bis heute unbebaut und unberührt geblieben. Nur auf Koh Paluay haben sich Menschen niedergelassen und kochen heute für Touristen Mahlzeiten, denn die Inselgruppe ist ein beliebtes Ziel für Tagesausflüge. Kajak- und Tauchtouren bringen Besucher in die Gewässer rund um die malerischen kleinen Inselchen, die sich auf Kalksteinfelsen gründen. In dem dichten Regenwaldbewuchs fühlen sich Otter, Affen, Silberhaarfledermäuse oder auch Leguane und Kobras wohl. Unter Wasser lassen sich Engelsfische und Zackenbarsche beobachten.

NP BAKO

Kein Tier hat ein größeres Riechorgan als der Nasenaffe. Er heißt auch »Orang Belanda«, also Niederländer, denn offensichtlich hatten viele der holländischen Kolonisatoren in Borneo Riesennasen.

Was hat sich die Schöpfung nur dabei gedacht? Welcher Teufel des Übermuts hat sie geritten, als sie dem armen Nasenaffen dieses Riesenriechorgan ins Gesicht setzte? Die Biologen haben auch keine plausible Erklärung, vermuten aber, dass es etwas mit der sexuellen Attraktivität zu tun haben könnte – je größer die Nase, umso begehrter das Tier. Das wäre dann wenigstens ein kleiner Trost

für den Affen, der nur in Borneo vorkommt und sich inzwischen in Schutzreservate wie den Bako-Nationalpark in der Nähe von Kuching, der Hauptstadt der Provinz Sarawak, flüchten muss. Denn sein Lebensraum ist durch die Landgier der sich immer stärker ausbreitenden Palmölplantagen schon so klein geworden, dass er auf der Roten Liste der bedrohten Tierarten steht.

Allein schon wegen dieses Blumenmonstrums lohnt sich der Besuch des Bako-Nationalparks in Borneo: Bis zu einem Meter kann der Durchmesser der Rafflesie-Blüte, der größten Blüte der Welt, betragen.

NP GUNUNG MULU

Abermillionen von Fledermäusen leben in den Tropfsteinhöhlen des Gunung-Mulu-Nationalparks in Malaysia, dem größten Höhlensystem der Erde mit Tausenden haushoher Stalagmiten und Stalaktiten.

Der Weltuntergang findet jeden Nachmittag pünktlich um halb fünf statt. Dann hebt plötzlich ein apokalyptisches Summen und Sirren an, als schwärmten die Todesengel aus. Und kurz darauf verdunkelt sich tatsächlich der Himmel, als habe die letzte Stunde der Menschheit geschlagen. Die Sonne verschwindet hinter einer schwarzen Wolke aus lebendigen Leibern – und taucht nach ein paar Minuten wieder auf. Denn der Weltuntergang wird genauso pünktlich jeden Nachmittag abgeblasen, weil die Todesengel in Wahrheit Millionen von Fledermäusen sind, die aus den Tropfsteinhöhlen des Gunung-Mulu-Nationalparks im malaysischen Teil Borneos zur Futtersuche aufbrechen.

Manche Höhlen sind so groß, dass 40 Jumbojets in sie hineinpassen würden – ohne dass sich ihre Flügel berührten. Da ist es kein Wunder, dass sich die Menschen hier wie Würmchen fühlen.

NP KINABALU

Der einzige Ort Südostasiens, an dem sich Himmel und Erde berühren: 4095 Meter hoch ist der gewaltige Mount Kinabalu im malaysischen Teil von Borneo, der höchste Berg östlich des Himalaya.

Meist hüllt sich der Kinabalu in ein Wolkengewand, als wolle er seine ganze Pracht den Menschen nicht preisgeben. Früh am Morgen aber, wenn der Himmel noch nachtklar ist, lüftet er sein Geheimnis und zeigt sein Zackengesicht aus einem Dutzend bizarrer Gipfel voller Türme und Pyramiden, eine Silhouette wie ein illusionistischer Scherenschnitt. Doch unterhalb seiner steinernen Strenge wuchert eine ganz andere Welt: ein aberwitzig dichter, lebenspraller, dampfender Dschungel voller Salamander und Schlangen, Leoparden und Baumfrösche, Orchideen und grausamer, fleischfressender Pflanzen, die in ihren Riesentrichtern ganze Ratten fangen und verschlingen.

Im glühend heißen Dschungel ist es eine absurde Vorstellung, und doch gibt es hier einen Ort, an dem manchmal Schnee fällt wie göttlicher Puderzucker: den Kinabalu.

SEPILOK-SCHUTZGEBIET

Der Regenwald von Sepilok zeigt zur Zeit des Auf- und Untergangs der Sonne seine schönsten Seiten. Dann legen sich Nebel über die Baumkronen und die letzten Strahlen tauchen die Szenerie in weiches Licht.

Es gibt Plätze, da wünschte man sich, dass sie möglichst bald wieder überflüssig wären. Ein solcher ist das Sepilok-Orang-Utan-Zentrum, das bereits 1964 gegründet wurde, um verwaisten Orang-Utans eine neue Heimat zu geben. Leider haben die Pfleger hier mehr und mehr zu tun, da der Lebensraum der Menschenaffen stark bedroht ist. Bis zum Lebensalter von sechs Jahren bleiben die Affen bei ihrer Mutter. Doch leider werden viele Affenmütter Opfer der brennenden Regenwälder, sodass nur noch ihre Kinder gerettet werden. Die jungen Orang-Utans werden in dieser Station aufgepäppelt, um sie später auf dem 43 Quadratmeter großen Areal wieder auszuwildern. Umgeben ist das Schutzzentrum von einem einzigartigen Naturpark – einem der letzten Regenwälder Borneos.

Sie wirken immer verspielt und kindlich: Zwergelefanten gelten als eine Unterart des Asiatischen Elefanten, sind aber möglicherweise schon seit 300 000 Jahren von dieser Art getrennt.

Runder Kopf, große Ohren, große Augen – der Zwergelefant erfüllt das Kindchenschema bilderbuchartig. Doch auch ausgewachsen bleiben ihm diese Eigenschaften erhalten. Das Tier, das nur noch auf der Insel Borneo vorkommt, gibt Wissenschaftlern bis heute Rätsel auf. Geht die Population von heute 1000 Tieren nur auf ein einziges Pärchen zurück, das der Sultan von Java im 17. Jahrhundert als Gastgeschenk mit nach Borneo brachte? Denn die genetischen Spuren lassen sich auf Borneo nicht weiter zurückverfolgen, auf Java hingegen gab es sie schon vor Tausenden von Jahren, heute aber sind sie dort längst ausgestorben. Sie kommen nur noch im Norden von Borneo vor. Zwergelefanten gehen auf den Asiatischen Elefanten zurück, sie sind aber höchstens zweieinhalb Meter groß, runder, viel sanftmütiger und leichter zu zähmen als die Asiatischen Elefanten. Ob sie weiterhin überleben können, ist fraglich, denn sie haben ihr Habitat genau dort, wo Regenwälder Palmölplantagen Platz machen müssen und somit nicht nur Orang-Utans, Sumatra-Nashörner oder den Malaienbär gefährden, sondern auch die seltenen Waldelefanten.

DANUM-TAL

Langschwanzagamen gehören noch zu den harmloseren Bewohnern des Danum-Tals, das als eines der komplexesten Ökosysteme der Welt und als das größte unberührte Urwaldgebiet Malaysias gilt.

Der Riesenkugler ist ein eigenartiges Tier. Er gehört zur Familie der Tausendfüßler, sieht aber eher aus wie eine monströse Kellerassel, hat 42 Beine und von der Natur eine besondere Gabe in die Wiege gelegt bekommen: Er kann sich kugelrund zusammenrollen und seine Körperpanzer so hermetisch miteinander verschließen, dass kein Tier die Kugeln knacken kann, die manchmal so groß

wie Tennisbälle sind. Dieser Schutzmechanismus ist im Danum-Tal auch dringend nötig. Denn hier leben so viele wilde Tiere auf so engem Raum, dass sich alles ums Fressen und Gefressenwerden dreht. Das Tal wirkt so, als habe die Natur all ihre schönsten und seltsamsten Geschöpfe auf einem Präsentierteller versammelt. Im tropischen Tieflandregenwald treten sich Malaienbären, Nebelparder, Orang-Utans, Nasenaffen und Bartschweine buchstäblich auf die Füße, hinzu kommen die scheuen Asiatischen Elefanten und das fast schon ausgestorbene Sumatra-Nashorn, während 300 Vogelarten die Urwaldriesen bevölkern, die oft genug gegen Schlangen beim Kampf ums Fressen und Gefressenwerden den Kürzeren ziehen. Da hat es der Riesenkugler besser.

Wie ein einziges Naturidyll im zartesten Grün sieht das Danum-Tal im Nordosten Borneos aus. Doch der Schein trügt, denn hier trägt die Tierwelt einen gnadenlosen Kampf ums Überleben aus.

MABUL

Paradiesisch schön ist es zwar auch an Land an der Südostküste von Sabah, einer der beiden malaysischen Provinzen auf der Insel Borneo. Doch die wahren Sensationen warten hier unter Wasser.

Es war vor langer Zeit, vor 200 Millionen Jahren vielleicht, da beschlossen einige Landschildkröten, ins Wasser zu gehen – nicht weil sie ihres Lebens überdrüssig waren, sondern weil sie sich im Ozean ein besseres Leben erhofften. Seit jener Zeit leben die Meeresschildkröten in tropischen und subtropischen Gewässern, doch wie lange sie es noch tun werden, ist ungewiss. Und daran ist allein der Mensch schuld, ihr einziger Feind. Er jagt sie erbarmungslos wegen ihres Fleisches, ihrer Panzer, ihres Leders und hat ihre Anzahl so drastisch verringert. Die Tiere stehen zwar unter dem Schutz des Washingtoner Artenschutzabkommens, dürfen also weder getötet noch gehandelt werden, doch das ist kein wirksamer Schutz. Und so gehört es zu den größten Erlebnissen eines jeden Tauchers und Schnorchlers, einer Meeresschildkröte zu begegnen. Kaum irgendwo sind die Chancen dazu so groß wie in Mabul und Sipadan im malaysischen Teil Borneos. Die Inseln gelten als Eldorado für Unterwasserfreaks, die hier die schönsten Meeresschnecken und Oktopusse, Fische und Krebse zu Gesicht bekommen – und doch immer auf eine Schildkröte hoffen.

Nicht die großen Raubfische schlagen die Taucher und Schnorchler in ihren Bann, sondern die kleinen, farbenprächtigen, formvollendeten Bewohner des Ozeans – und natürlich die Meeresschildkröten.

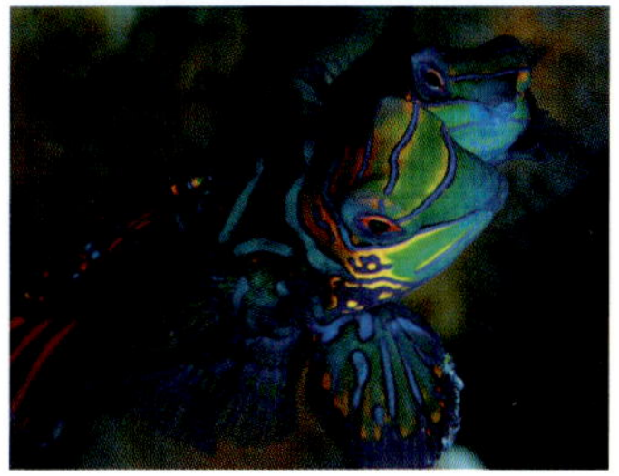

TAT KUANG SI

Diese Wasserfälle zählen zu den größten in Südostasien – und sind eine touristische Attraktion. Picknicktische laden zur Pause ein, die natürlichen Pools zum Baden, und Händler sorgen für den nötigen Bedarf an

Nahrung und Souvenirs. Wer es ruhiger möchte, wandert entlang des Flusses in die Berge. Nur einer der vielen Naturpools darf nicht betreten werden, er gilt als heilig.

Wasser, das derart eisblau schimmert, ist meistens kalt. Obwohl die kleinen, natürlichen Pools am Wasserfall Tat Kuang Si so einladend aussehen, sollten sich Besucher auf eine starke Abkühlung gefasst machen, denn das Nass kommt direkt aus den Bergen. Schluchten in den Felsen und kleine Plateaus sorgen dafür, dass das Wasser spektakuläre Formen annimmt, wenn es seinen 60 Meter langen Weg in die Tiefe antritt. Immer wieder hat sich das weiche Travertingestein im Laufe der Jahre verändert, da der Fluss täglich kleine Stückchen von den Felsen abträgt. Wer auch die Umgebung erkunden möchte, geht einen Wanderweg neben dem Rauschen entlang. Es gibt aber auch zahlreiche Brücken und Bademöglichkeiten, um das herrlich klare Wasser einfach nur in Ruhe zu genießen. Tropischer Bewuchs wie etwa Bambus umgibt das Naturschauspiel, das nahe an der Stadt Luang Prabang liegt und dort zu den Hauptausflugszielen zählt. Ganz in der Nähe des Wasserfalls befindet sich eine Bärenstation, die Malaienbären von illegalen Tierhändlern befreit hat und ihnen jetzt einen schönen Lebensabend bereitet.

FANSIPAN

Der Fansipan liegt im Norden Vietnams, ganz nah an der chinesischen Grenze und gilt als das Dach von Indochina, das nicht nur mit einer Seilbahn, sondern auch per pedes erreicht werden kann.

Nebelumwölkt ist er oft – und sagenumwoben. Schwierig soll es gewesen sein, an manchen Tagen sogar unmöglich, Vietnams Bergriesen die Stirn zu bieten und seinen Gipfel zu stürmen. Doch den Wettlauf mit Wetter und anderen Hindernissen scheint der Mensch nun gewonnen zu haben, denn er hat dem höchsten Berg Vietnams eine Seilbahn verpasst. Noch gilt sie als die längste, dreikabelige Seilbahn der Welt. Sie überwindet 1400 Höhenmeter in nur 15 Minuten und bringt die Passagiere dabei ganz nah an den 3143 Meter hohen Gipfel, der nun seinen Status der Einsamkeit aufgeben muss. Bis zu 2000 Menschen pro Stunde können nun die Aussicht auf das Yunnan-Gebirge genießen.

Wenn die Sonne ihre Strahlen durch die dichten Wolken schickt und den Nebel im Tal damit auflöst, ergeben sich die schönsten Stimmungen und Lichtreflexe im Sapa-Tal.

Es ist vielleicht der kälteste Ort im ganzen Land: Das Sapa-Tal würde so manchem Besucher unwirtlich erscheinen, wären da nicht die Händlerinnen. Frauen, die Silberschmuck, gewebte Tücher, selbst geflochtene Körbe oder andere Souvenirs anbieten. Doch auch jenseits dieser Mitbringsel ist der Markt hier sehenswert. Lebende Hühner, kleine handgebundene Besen, bunte Früchte, und mancherorts riecht es würzig aus den Pfannen. Jenseits des Dorfgeschehens lockt vor allem die Bergwelt und lädt zu Trekkingtouren ein. Die grünen Reisterrassen, die wie feine Rillen in die Berge geschnitzt zu sein scheinen, bringen westliche Besucher immer wieder zum Staunen.

MU CANG CHAI

Als würde Gott hier Sitze in seinem Amphitheater bereithalten, so wirken die säuberlich in den Hang gearbeiteten Reisterrassen: wie ein Abbild perfekter Harmonie zwischen Mensch und Natur.

Wer hier steht, beginnt doch noch an Wunder zu glauben. Gelb und grün gestreift sind die Berge, ein Muster, wie mit einem riesigen Kamm in die Landschaft gedrückt: Reisterrassen bedecken das Mu-Cang-Chai-Gebirge, so weit das Auge reicht. Alles von Menschenhand erschaffen, mit einfachsten Mitteln, aber derart exakt anmutend, dass man Maschinenhilfe dahinter vermuten mag.

Doch die Terrassen sind 600 Jahre alt. Die Hmong haben sie über Generationen dem Berg abgetrotzt und gepflegt. Am schönsten ist die Farbenpracht im Frühjahr, wenn die Terrassen mit Wasser gefüllt sind und wie kleine Spiegel den Himmel auffangen und Wolkenbilder wiedergeben. Im Mai liegt ein knalliges Grün über der Landschaft, die Saat ist gekeimt und lockt viele Fotografen an.

Kleine Hütten auf Stelzen wirken wie Dekorationsobjekte in einer filmreifen Szenerie, in der Sonnenlicht und Schatten ihr eigenes Theaterstück aufführen. Es lohnt sich, hier nicht nur dem Reis die volle Aufmerksamkeit zu schenken. Die Hmong-Frauen kleiden sich in Trachten, bei denen jedes Muster seine ganz eigene Bedeutung hat und auf Familienstatus und -zugehörigkeit hinweist.

»Drei Inseln« bedeutet der Name des Nationalparks übersetzt. Er spielt wohl auf die drei Berge an, die wie Eilande aus dem Nebelmeer herausschauen. Schmuckbaumnattern fühlen sich in diesem Klima sehr wohl.

Dampfende Schwaden steigen vom Boden auf. Es hat gerade geregnet und der Monsun ist mit seiner Regendecke weitergezogen. Leichte weiße Wölkchen schweben noch vor den dicht bewaldeten Hängen des Tals. Etwa 70 Kilometer vor Hanoi hat sich ein besonderes Schutzgebiet erhalten. 1902 haben Franzosen es als Sommerfrische gegründet, doch viele der alten Siedlungshäuser wurden

zerstört. Deswegen ist Tam Dao nicht wirklich eine schöne Stadt, dafür hat es die Natur umso mehr in sich. Während überall rund um die Großstadt Wälder zu Ackerland gewandelt wurden, hat am Tam Dao Ursprünglichkeit überlebt und er ist nun das einzige Waldgebiet weit und breit. Es bietet ein hervorragendes Refugium für Tiere wie Wangenaffe, Silberfasan oder Auerhahn, Grüne und Rote Cochoas, Kastanienbülbül oder Timalien. In dem Klima mit einer durchschnittlichen Temperatur von 22 °C im Jahresmittel hat sich eine große Biodiversität gebildet. So gibt es etwa einen Azaleenwald, klare Seen wie den Xa Huong oder erfrischende Wasserfälle. Dabei fehlt es nicht an Kultur, in Tay Thien beispielsweise gibt es buddhistische Pagoden und Tempel zu bestaunen.

BUCHT VON HALONG

Die bizarr geformte Insellandschaft im Golf von Tonking besteht aus rund 2000 Eilanden und Kalkfelsen. Wind, Wetter und Gezeiten haben dort ein anmutiges Gesamtkunstwerk der Natur entstehen lassen.

Viele Grotten und Tropfsteinhöhlen sind nur bei Ebbe zugänglich. Die Dong Thien Cung, die »Grotte des Himmlischen Palastes«, wird von bunten Strahlern beleuchtet, die eine surreale Atmosphäre zaubern.

Die bis zu 100 Meter aus dem Wasser ragenden, meist dicht bewachsenen Karstfelsen erinnern an chinesische Landschaftsbilder. Die Felsen und Berge in der vietnamesischen Halong-Bucht zeichnen sich durch große Formenvielfalt aus: Das Spektrum reicht von Pyramiden mit breiter Basis über hoch gewölbte »Elefantenrücken« bis zu schlanken Felsnadeln. Die Menschen haben in der Insellandschaft weniger ein Naturphänomen gesehen als ein mythisches Schauspiel: Ein aus den Bergen (oder aus dem Himmel) »herabgestiegener Drache« (Ha Long) soll das Naturwunder geschaffen haben, als er mit den Schlägen seines mächtigen Schwanzes ein feindliches Invasionsheer vernichtete – oder vielleicht hat ihn auch nur seine Wut getrieben, weil er gestört wurde? In die so entstandenen Furchen und Schluchten schwappte das Wasser, das der Drache verdrängte, als er ins Meer tauchte. Die geologische Erklärung ist nüchterner: Nach der letzten Eiszeit hat sich die zum südwestchinesischen Kalksteinplateau gehörende Küstenlandschaft gesenkt und wurde vom Wasser überflutet. Die Erosion formte aus dem Gestein bizarre Kegel.

NP PHONG NHA-KE BANG

Das Kernstück des Nationalparks ist ein geologisch vielfältiges tropisches Karstgebiet, das älteste seiner Art in Asien. Über eine Distanz von 65 Kilometern erstrecken sich hier Höhlen und unterirdische Flüsse.

Namensgebend für das zum großen Teil von tropischem Regenwald bedeckte Schutzgebiet in der Provinz Minh Hoa im nördlichen Zentralvietnam ist die Phong-Nha-Höhle, die größte und wohl schönste des Landes. Der Name bedeutet »Höhle der Zähne« und spielt auf die zahlreichen Tropfsteinformationen an. Das Volk der Cham, das im 1. Jahrtausend Zentralvietnam beherrschte, errichtete in einigen der Höhlen buddhistische Heiligtümer, deren Reste noch heute zu sehen sind. Aufschlussreich sind die Höhlen auch in geomorphologischer Hinsicht, offenbaren sie doch über 400 Millionen Jahre Erdgeschichte. Nach bisherigem Forschungsstand gibt es im Nationalpark Phong Nha-Ke Bang 14 endemische Pflanzenarten. Fast 600 Tierarten haben hier ihr Refugium. Unter den 113 Säugetierarten befinden sich auch viele bedrohte Spezies, vor allem Affen. Erst in den 1990er-Jahren entdeckt wurden die Vu-Quang-Antilope, auch Saola oder Vietnamesisches Waldrind genannt, und der Riesenmuntjak, eine etwa 70 Zentimeter groß werdende Unterart der Muntjaks, die nur im Dschungel Süd- und Südostasiens vorkommen und zu den Hirschen gehören.

Besucher können einige der Höhlen, die der Fluss über die Jahrhunderte in die Karstfelsen gegraben hat, besichtigen. Erst ein Bruchteil dieser unterirdischen Welt wurde bisher erforscht.

NP BACH MA

Dichter Bewuchs, keine Spur von menschlicher Besiedlung – so wirkt der Nationalpark an manchen Stellen. Der Regenwald gibt vielen bedrohten Arten eine Heimat.

Einen schönen kühlen Ort in den Bergen und doch nah am Meer, davon träumten die französischen Kolonialherren in den 1930er-Jahren im heißen Vietnam. Und so bauten sie einen Luftkurort über dem Nebelwald mit Villen und eigener Poststation. Der Vietnamkrieg allerdings zerstörte die Idylle und die Stadt wurde bald zu einer verlassenen Ansammlung alter Häuser. Heute ist dort ein

großes Schutzgebiet entstanden. Seltene Farne finden sich hier ebenso wie rot blühende Azaleen. Vogelfreunde halten nach dem endemischen Edwardsfasan oder dem Arguspfau Ausschau und suchen vielleicht auch nach Spuren von Leoparden und Tigern, die zwar selten sind, aber durchaus in dem Gebiet sesshaft. Ornithologisch geschulte Guides führen Besucher gerne zu den besten Stellen zur Vogelbeobachtung. Für Trekkingtouren bietet sich der landschaftlich schöne Rhododendron-Weg an, der zu einem Wasserfall führt, oder der Fünf-Seen-Weg, der zwischendurch für erfrischende Fußbäder sorgt. Da noch nicht alle Blindgänger des Krieges gefunden worden sind, bleiben die Touristen hier besser auf den Wanderwegen.

Der Grüne Nackenstachler erinnert an einen kleinen Drachen. Es ist ein sehr scheues Tier, das gerne Regenwürmer nascht. Bei Bedrohung färbt sich sein Körper braun.

NP GUNUNG LEUSER

Orang-Utans sind nur schwer zu beobachten. Die Art verschwindet, rund um das Schutzgebiet breitet sich der Mensch immer weiter aus und verdrängt den scheuen Waldbewohner.

So ähnlich ist uns der Orang-Utan, dass immer wieder behauptet wird, dieser »Waldmensch« könne reden so wie wir. Er tue es nur nicht, weil er Angst habe, dann arbeiten zu müssen. Das ist natürlich Unfug. Traurige Wahrheit aber ist, dass der Mensch seinem Verwandten, der nur in Borneo und Sumatra vorkommt, lebensgefährlich nah auf den Leib rückt. Vor allem in Sumatra ist der Be-

völkerungsdruck so gewaltig, dass riesige Flächen Urwald abgebrannt werden, um Platz für Felder und Plantagen zu schaffen. Doch es gibt einen Ort, an dem der Orang-Utan sicher ist: den Nationalpark Gunung Leuser im Norden der Halbinsel, der mit 9000 Quadratkilometer Fläche eines der größten Schutzgebiete Indonesiens und nicht nur ein sicherer Hafen für seltene Affen ist. Es heißt, der Nationalpark sei das wichtigste indonesische Wildnisgebiet überhaupt. Nur hier gibt es noch nennenswerte Bestände gefährdeter Tiere wie des Sumatra-Nashorns oder des Sumatra-Tigers. Sie leben in einer Welt mit einem unvorstellbaren Artenreichtum, in dem auf einem einzigen Hektar bis zu 130 verschiedene Baumarten wachsen.

Sumatra-Elefanten sind hier endemisch und gelten als vom Aussterben bedrohte Art. Auch die possierlichen Sunda-Plumploris (kleines Bild linke Seite) haben im Nationalpark ein Refugium gefunden.

ORANG-UTANS

Jährlich werden immer noch rund 1500 Jungtiere der Menschenaffen illegal verschleppt. Noch schlimmere Auswirkungen für den Bestand der Orang-Utans hat die Abholzung der Regenwälder.

Sie liebkosen sich, tragen ihre Kinder behutsam über Hindernisse und können sehr nachdenklich aussehen – Orang-Utans haben erstaunlich viele menschliche Züge.

Nur alle vier bis acht Jahre kann ein Orang-Utan-Weibchen Junge bekommen – schlechte Voraussetzungen für eine derart vom Aussterben bedrohte Art. Orang-Utans, deren malaiischer Name übersetzt »Waldmensch« bedeutet, haben sich auf ein Leben in den Baumwipfeln spezialisiert. Die Primaten werden knapp 1,40 Meter groß und sind damit die größten Säuger, die in den Bäumen le-

ben. Die einzigen großen Menschenaffen Asiens verbringen Tag und Nacht in den Wipfeln, so unbemerkt, dass sie erst vor 200 Jahren von Wissenschaftlern entdeckt wurden. Die Affen mit dem orangebraunen Fell haben ein außerordentlich gutes Gedächtnis und leben von Früchten und Blättern. Rund einen Quadratkilometer Regenwald brauchen die einzelgängerischen Tiere, um satt zu werden. Waren sie früher in großen Regionen Asiens zu finden, kommen sie heute nur noch auf Sumatra und Borneo vor. Ihr Bestand wird auf weniger als 50000 Tiere geschätzt. Die Art gliedert sich in zwei Unterarten auf, den Sumatra- und den Borneo-Orang-Utan; beide gelten als stark gefährdet. Der Schwarzhandel mit Jungtieren ist noch immer nicht gestoppt.

NP KERINCI SEBLAT

Der Sumatra-Langur zeichnet sich durch schmale, lange Glieder und sein helles Fell aus. Die Art gilt als kaum gefährdet und wird, wenn sie nicht gesehen wird, beim Besuch des Nationalparks sicherlich gehört.

Dicke Nebelschwaden hüllen den Gipfel des Kerinci-Vulkans in eine fast mystische Wolkenschicht. Bis über 3800 Meter hoch reichen die Spitzen des vulkanischen Barisangebirges im Kerinci-Seblat-Nationalpark, der im Herzen der indonesischen Insel Sumatra liegt. Wie blaue Edelsteine funkeln Seen zwischen den Spitzen, heiße Quellen und Wasserfälle sprudeln aus Felsen und sorgen für eine hohe Artenvielfalt. Mehr als 4000 verschiedene Pflanzen gedeihen auf dem fruchtbaren vulkanischen Gestein und geben Säugetieren Nahrung, wie etwa dem scheuen Schabrackentapir. Manche dieser Tiere sind wiederum willkommene Leckerbissen für Großsäuger wie den seltenen Sumatra-Tiger, die Bengalkatze oder den Sunda-Nebelparder. Der friedliche Malaienbär hingegen ernährt sich lieber von Insekten und Wirbellosen. 17 der 20 endemischen Vogelarten Sumatras sind hier ebenso zu finden und locken jedes Jahr Ornithologen aus aller Welt an. Die Vögel sind eine begehrte Beute der Asiatischen Goldkatze, die ebenfalls als gefährdete Art gilt und in dem Nationalpark ein geschütztes Refugium gefunden hat.

Nepenthes singalana ist eine Vertreterin der Familie der fleischfressenden Kannenpflanzen. In ihren bis zu 18 Zentimeter langen Kannen fängt sie Insekten und auch kleine Nagetiere.

Das Sumatra-Nashorn lebt ausschließlich vegetarisch und zupft gerne Blätter von den Bäumen. Dabei ist ihm das Horn eine gute Hilfe, denn damit zieht es sich die Äste zum Maul.

Eine Pfütze zwischen Bäumen – das ist einfach zu verlockend, als dass das Nashorn daran vorbeiziehen könnte. Das Tier wälzt sich ausgiebig, bis alles mit Schlamm bedeckt ist. Das gibt nicht nur natürlichen Sonnenschutz, sondern schüttelt auch noch Ungeziefer ab. Mit seinen sumpfigen Wäldern und weiten Wiesen ist der Nationalpark Way Kambas ein idealer Lebensraum für das stark

bedrohte Sumatra-Nashorn, das hier einen seiner letzten Schutzräume gefunden hat. Weniger als 200 Tiere sollen inzwischen auf der Welt noch leben, davon etwa 25 in diesem Nationalpark. Die kleinste Nashornart wird stark von Wilderei und der Urbanisierung ihrer Lebensräume bedroht. In Way Kambas bieten die Sumpfwälder nicht nur den Nashörnern ein Refugium, auch die Mangrovengebiete sind wertvolle Habitate für inzwischen so seltene Arten wie Sumatra-Elefanten oder Malaienbären. Zudem streifen Tiger durch das Gebiet, auf der Suche nach Sambarhirschen oder Schabrackentapiren, die zu ihrem Beutespektrum zählen. Kleinere Predatoren sind Otterzivette, Marderbären oder Bänderroller. Mit mehr als 300 Vogelarten ist der Park zudem ein beliebtes Ziel für Vogelkundler.

Zahlreiche Wasserfälle durchziehen den Tieflandregenwald des Ujung Kulon, in dem noch die seltensten Großsäuger, die Java-Nashörner, leben.

Java ist die kleinste, aber bedeutendste der Großen Sundainseln im Malaiischen Archipel. Der Nationalpark umfasst im Südwesten Javas die Halbinsel Ujung Kulon sowie die Inseln Krakatau, Panaitan und Peucang in der Sundastraße. Geschützt werden somit die Tieflandregenwälder Javas, die Korallenriffe der Küstenzone und Flora und Fauna der Vulkaninsel Anak Krakatau, die nach

dem großen Ausbruch des Vulkans 1883 neu entstand. Das meistgefährdete Tier im Regenwald ist das Javanische Nashorn (oder Java-Nashorn), ein nachtaktiver Einzelgänger, der sich vorwiegend von Blättern, Früchten, Trieben und Zweigen ernährt. Wilderer haben den Bestand auf 25 Exemplare dezimiert; mittlerweile soll sich die Population allerdings wieder auf 60 Tiere erhöht haben. Dennoch bleibt das mit dem Panzernashorn verwandte Javanische Nashorn, das wie Ersteres nur ein Horn hat, einer der seltensten Großsäuger der Erde. Deutlich häufiger kommt dagegen das scheue Javanische Wildrind vor. Darüber hinaus haben im Nationalpark Ujung Kulon Hirsche, Affen, Leoparden, Leistenkrokodile und Nashornvögel eine Heimat.

GUNUNG PAPANDAYAN

Geröll kann viele Farben haben – mal ist es braun, mal ocker und mal rostrot in seinen kleinen Kieseln. Sie bilden einen perfekten Kontrast zum smaragdgrünen Wasser im Vulkankrater.

Gefährlich und unberechenbar – mit diesen Eigenschaften wird der Vulkan Gunung Papandayan gerne beschrieben. Obwohl er eher verschlafene Schönheit ausstrahlt und ganz in der Nähe sogar ein dichter Elfenwald liegt, gilt er als einer der ausbruchsfreudigsten Feuerberge der Welt. Im Jahr 1772 kam es zu einer Katastrophe, seine Lava verschlang 40 Dörfer und etwa 3000 Menschen

starben. Da er seither einige kleinere Ausbrüche hatte, aber keine große Eruption und sich zudem die Kohlenstoffdioxid-Konzentration am Boden des Gipfelkraters stark erhöht hat, gilt bislang die höchste Warnstufe. Dennoch machen sich noch immer Trekkingtouristen auf den Weg, den Gipfel zu erklimmen, zu faszinierend sind die Naturschauspiele direkt am Krater. Dort geben die Fumarolen, die aus den vier Kratern zu Rauchsäulen aufsteigen, brodelnde Hinweise auf die Unruhe in diesem Untergrund. Frühmorgens ist die rauchende Aktivität am besten zu beobachten. Der Stratovulkan ist insgesamt 2665 Meter hoch und Teil des Pazifischen Feuerringes, der sich in Indonesien zur größten Häufung von Vulkanen der Welt verdichtet.

Schwefelkristalle mit ihrem knalligen Gelb haben sich an den Steinen abgesetzt und erinnern an die Aktivität der Fumarolen an den Kratern.

NP BROMO TENGGER SEMERU

Es ist die Stunde der Wunder, wenn sich die Natur im Morgengrauen den Schlaf der Nacht aus den Augen reibt und die Vulkane im Nationalpark Bromo Tengger Semeru auf Java sichtbar werden lässt.

Nichts gibt die schwarze Nacht von den Wundern preis, die sie in ihren Schleier der Dunkelheit hüllt, nichts gibt den Besuchern eine Ahnung davon, was sie gleich sehen werden, wenn sie im Osten Javas zu den Feuerbergen von Surabaya hinaufsteigen. Man steht in der pechschwarzen Nacht, die sich ganz langsam verabschiedet und fast widerwillig die ersten Umrisse dreier giganti-

scher Berge preisgibt. Immer schärfer werden sie, immer deutlicher beginnen sie sich aus der Schwärze zu schälen. Und plötzlich stehen sie vor einem, unwirklich und bedrohlich wie Abgesandte der Hölle: der schlafende Vulkan Batok, der aussieht wie das Heim eines Monstermaulwurfs; der hyperaktive Bromo dahinter mit seinem zischenden Krater und seinem stinkenden Schwefelatem; und der majestätische Semeru, aus dessen Schlot eine Rauchsäule aufsteigt, als säßen in seinem Inneren Riesen rund um einen Kamin. Es ist das spektakulärste Landschaftspanorama, das man in Indonesien erleben kann – und eines der flüchtigsten, denn bald verhüllen sich die Vulkane mit Wolken und geben den Besuchern das Gefühl, alles nur geträumt zu haben.

NP BROMO TENGGER SEMERU

Ein dramatisches Landschaftsgemälde in Blau, Grau und Rosa, wie es kaum ein imposanteres in Südostasien gibt: Die Vulkane rund um den rauchenden Semeru sind der Höhepunkt jeder Java-Reise.

ZENTRALES HOCHLAND VON BALI

Der Vulkan Gunung Agung aus der flachen Ebene empor wie eine Sagengestalt. Der höchste Berg der Insel Bali gilt den Menschen als heilig, hier sollen Geister und Götter wohnen.

Es könnte der Gemüsegarten Gottes sein, so strahlend wirkt seine Kraft. Reisfelder in malerischen Kurven terrassenförmig in die Berghänge gearbeitet, auf den oberen Wipfeln wachsen Palmen und dazwischen Mangobäume, Hühner gackern irgendwo und kleine Gemüsefelder oder Erdbeerbeete unterbrechen das saftige Grün der Reisfelder. Ein Ausflug in Balis Hochland verzaubert die

meisten Besucher. Seen funkeln wie kleine Juwele aus der Landschaft, Wasserfälle rauschen weit in die Tiefe, umgeben von Kokospalmen oder rot blühenden Sträuchern. Dazwischen immer wieder Siedlungen mit Märkten, auf denen Pfeffer, Kurkuma oder Muskatnüsse angeboten werden, bevor der Weg weiterführt, entlang an Tempeln, die an die tiefe Spiritualität der Bewohner erinnern.

Der Sekumpul-Wasserfall, der sich hier malerisch 50 Meter in die Tiefe stürzt, zeugt von der immensen Feuchtigkeit des Gebietes.

ZENTRALES HOCHLAND VON BALI

In den Bergen von Bali liegen die Zwillingsseen Buyan und Tamblingan wie blaue Edelsteine, umgeben von dichten Wäldern. An der Südseite lassen sich die beiden Seen sogar umwandern.

Die Seen liegen auf einer Höhe von 1000 Metern und sind noch ungestört vom Verkehr von Motorbooten, allerdings sind sie auch ziemlich kühl – ein Bad kostet ein wenig Überwindung.

NUSA PENIDA

Den Namen »Suppenschildkröte« hört die Grüne Meeresschildkröte sicher nicht gern. Die Tiere bewegen sich äußerst elegant im Wasser und können bis zu 50 Jahre alt werden.

In Nusa Penida mag der Teufel keine roten Tücher. So glauben es die Balinesen, die diese kleine Insel als Sitz des Dämons Ratu Gede Mecaling ansehen. Er soll hier mit seiner Gefolgschaft aus bösen Meeresgeistern herrschen. Mit ihren kargen Felsen, dem spärlichen Bewuchs und dem für balinesische Verhältnisse unfruchtbaren Boden wirkt die Insel tatsächlich wie ein Fremdling in der

sonst so grünen Region. Die Einwohner leben von Fischfang und der Seetang-Verarbeitung – und sie stellen leuchtend rote Tücher her, die sie als Teil ihrer Bekleidung tragen. Da Rot von vielen Naturvölkern als schutzbringende Farbe angesehen wird, sind diese Tücher inzwischen ein »Exportschlager« bei den Balinesen, die glauben, sie haben dämonenabweisende Kräfte. Jenseits der Mythen ist Nusa Penida aber vor allem ein prächtiges Tauchrevier. Denn im Gegensatz zur eher kahlen Vegetation an Land hat sich unter Wasser eine reiche Korallenwelt gebildet. Das liegt an der starken Strömung und dem damit verbundenen aufsteigenden kalten Wasser. Hier fühlen sich nicht nur 250 Korallenarten wohl, sondern auch Mantarochen, Mondfische und Makrelen.

LOMBOK

So heißblütig wie in den Anfangstagen der Schöpfung ist die Erde auf der indonesischen Insel Lombok noch immer. Und dem schönen Frieden am Vulkan Rinjani sollte man besser nicht trauen.

Es ist der schlimmste Fauxpas, den man auf Lombok als Fremder begehen kann: Niemals und unter keinen Umständen darf man die Insel als kleine Schwester Balis bezeichnen, auch wenn die beiden indonesischen Eilande nur durch eine schmale Meerenge voneinander getrennt sind und auf den ersten Blick in bester Eintracht im Pazifik nebeneinanderzuliegen scheinen. Doch es ist

ganz anders: Die Meerenge ist nach dem Naturforscher Alfred Russel Wallace benannt, der nicht weniger als 125 000 naturhistorische Beweisstücke für seine revolutionäre These sammelte. Er erkannte als Erster, dass ein tiefer evolutionsgeschichtlicher Graben zwischen Bali und Lombok verläuft. Auf Bali leben die Tiere und Pflanzen des südostasiatischen Kosmos, Lombok hingegen ist der äußerste Vorposten der australischen Hemisphäre. So wenig Flora und Fauna auf beiden Inseln miteinander zu tun haben, so wenig haben es die Menschen. Auf Lombok ist ihr Teint dunkler, ihr Haar krauser, ihre Ehrfurcht vor den Göttern weit weniger groß und ihr Charakter von raubeiniger Herzlichkeit – es sei denn, man vergleicht sie mit den Balinesen.

NP KOMODO

Pink Beach ist einer von nur sieben rosafarbenen Strände der Welt. Seinen Namen und seine Färbung verdankt er mikroskopisch kleinen Einzellern (Foraminiferen), die die Pigmente der Korallenriffe widerspiegeln.

Hier ist das Schutzgebiet des Komodowarans, der nur noch hier vorkommt und im Regenwald und in der Savanne ideale Voraussetzungen für die Jagd auf Wildschweine oder Hirsche findet. Der Nationalpark reicht über die zu den Kleinen Sundainseln gehörende, rund 35 Kilometer lange und 25 Kilometer breite Insel Komodo weit hinaus und schließt im Wesentlichen die kleineren Nach-

barinseln Padar, Rinca und Gili Motang sowie die Westküste von Flores mit ein. Die üppige Flora wird von tropischem Monsunregenwald, von Grasland und Savanne bestimmt. An manchen Orten gibt es auch Mangrovenwälder. Die Hauptattraktion ist der Komodowaran – die größte Echsenart der Welt. Der Bestand im Schutzgebiet wird auf etwa 6000 Exemplare geschätzt.

Das Naturschutzgebiet des Komodo-Nationalparks umfasst auch die den Küsten vorgelagerten Korallenriffe. Zur faszinierend artenreichen Welt dort gehören die schillernden Feuerfische.

KOMODOWARANE

Komodowarane haben ein für Echsen sehr breites Kommunikationsspektrum: Drohgebärden gehören ebenso dazu wie Zischen und Schwanzpeitschen. Mit ihrer langen, tief gespaltenen Zunge können sie feinste

Dass die Menschen sich hier manchmal an Drachen erinnert sehen, scheint nur logisch bei den Ausmaßen der größten lebenden Echse der Welt. Sie wird bis zu drei Meter lang und 70 Kilogramm schwer und ist ein wirklicher Koloss ihrer Art. Lange rätselten Forscher nach den Gründen für diese Größe. Heute scheint es sicher, dass Komodowarane die letzten Überlebenden der australischen Großechsen sind und vor rund 900000 Jahren, begünstigt durch einen gesunkenen Meeresspiegel, bis nach Indonesien gelangen konnten. Während sie in Australien ausgestorben sind, haben sie auf den Sundainseln nahezu perfekte Lebensbedingungen gefunden. Savannen und Nie-

Duftstoffe wahrnehmen. Als tagaktiver Bodenbewohner lebt der Komodowaran vor allem von Säugetieren wie Wildschweinen oder Hirschen, größeren Vögeln, Giftschlangen und Schildkröten.

derungen sind sonnenreich und warm und bieten mit ihren Wäldern zudem ideale Lebensräume für die Aufzucht der Jungtiere. Während die adulten Exemplare mit ihrem Gewicht zu schwer sind, um noch auf Bäume zu klettern, sind die Jungtiere hervorragende Eroberer der Stämme und Wipfel. Die Höhen schützen sie auch vor Artgenossen, die bei der Nahrungssuche auch vor Kannibalismus nicht zurückschrecken. Die massigen Jäger setzen zum Erlegen ihrer Beute ein komplexes Gift ein. Es senkt den Blutdruck rapide, hemmt die Blutgerinnung und lässt das Opfer schnell bewusstlos werden. Mit diesem Trick überwältigt der Waran auch Beute, die ihn um ein Vielfaches überragt.

FLORES

Der Name der Insel (»Flores« bedeutet Blumen) erinnert an die ehemalige Kolonialmacht Portugal, die in dieser Region Inseln für sich beanspruchte, bevor sie von den Holländern verdrängt wurde.

In den Himmel wollen die Seelen mancher Verstorbener auf der indonesischen Insel Flores nicht. Vielleicht ist ihnen der Weg zu weit. Vielleicht ist aber auch die Liebe zu ihrer Heimat so groß, dass sie es nicht einmal im Tod übers Herz bringen, sie zu verlassen. Die Seelen wandern nach dem Glauben der Menschen, die am Fuß des Vulkans Kelimutu leben, in die drei Kraterseen hoch über ihren

Dörfern. Im ersten See ruhen die Seelen der Alten, im zweiten die der Jungen, der dritte ist für verstorbene Hexen reserviert. Und damit sich die Toten nicht in die Quere kommen, sind die drei Seen durch steile Steinwände voneinander getrennt. Es ist ein atemberaubender Anblick, der dadurch noch verstärkt wird, dass die Seen in den unwirklichsten Farben schimmern, in Türkis und Schwarz, in einem Grün, so dunkel wie die Nacht, und einem Braun, so tief wie die Seele der Erde. Doch alle paar Jahre wechseln sie wie von Zauberhand ihre Farben. Dann nehmen sie einen rötlichen Teint an oder schmücken sich mit Himmelblau. Die Geologen rätseln über dieses Phänomen. Die Menschen am Kelimutu kennen den Grund: Die Farben ändern sich, wenn sich die Seelen ärgern.

Doch nicht Blumen, sondern die drei spektakulären Kraterseen des 1639 Meter hohen Vulkans Kelimutu mit ihrem ständig wechselnden Farbenspiel sind das größte Naturschauspiel dieser stillen Insel.

KORALLENKÜSTE VON SULAWESI

So bunt und reich wie in den Riffen rund um die Insel Sulawesi im Herzen Indonesiens ist das Meer kaum irgendwo sonst. Feuerwehrrote Hornkorallen gehören hier noch zu den gewöhnlichsten Bewohnern.

KORALLENKÜSTE VON SULAWESI

Der Banggai-Kardinalbarsch gehört zu den seltensten Fischen der Ozeane. Er lebt nur in einem winzigen, gerade einmal 30 Quadratkilometer großen Gebiet in den Gewässern vor Sulawesi.

Es gibt 100000 gute Gründe, auf der indonesischen Insel Sulawesi ab- und so schnell nicht wieder aufzutauchen. Diese Gründe leuchten in den schillerndsten Farben, kleiden sich in den ausgefallensten Formen und haben zudem die absonderlichsten Macken. Es sind Gründe wie der Strahlenfeuerfisch, ein 20 Zentimeter kurzer Winzling mit einem fantastischen Streifenmuster und tückischen Flossenstacheln, mit denen er seine Feinde vergiftet; oder die Weißaugenmuräne, die Augen so weiß wie ein Gespenst hat und gern in Schiffswracks haust wie ein böser, bissiger Geist; oder die Mertens-Anemone, die sich nicht entscheiden kann, ob sie weiß, grün oder gelbbraun sein will und mit ihren anderthalb Meter langen Tentakeln auf Jagd geht; oder der Pantherfisch, der als Weibchen auf die Welt kommt und im Lauf seines Lebens zum Männchen mutiert; oder der kaum handgroße Banggai-Kardinalbarsch, der zu der seltenen Spezies der Maulbrüter gehört: Die männlichen Fische tragen die befruchteten Eier fast einen Monat lang in ihrem Maul, fressen in dieser Zeit nichts und entlassen dann die Jungfische in die grenzenlose Freiheit des Pazifiks.

SCHUTZGEBIET TANGKOKO DUASAUDARA

Im Tangkoko-Dschungel wohnen die seltsamsten Wesen. Die selten zum Friseur gehenden Schopfmakaken findet man hier, die nur noch hier im Nordosten von Sulawesi ein Rückzugsgebiet haben.

SCHUTZGEBIET TANGKOKO DUASAUDARA

Die winzig kleinen Sulawesi-Koboldmakis mit ihren Riesenohren und Riesenaugen sind im Schutzgebiet ebenso beheimatet wie der Helmhornvogel und der Bärenkuskus, eine Beuteltierart (von links).

Mitte des 19. Jahrhunderts reiste der britische Naturforscher Alfred Russel Wallace durch die Inselwelt Indonesiens und stellte fest, dass es eine scharfe Trennlinie zwischen dem australischen und dem asiatischen Naturraum geben musste. Deswegen kennt man diese Trennung heute als Wallace-Linie. Und kaum irgendwo sonst ist sie so deutlich. Das Naturreservat im Nordosten

von Sulawesi ist mit einer Fläche von 9000 Hektar zwar vergleichsweise klein, doch die Vielfalt an Pflanzen und Tieren überwältigt nicht nur Biologen. Es gibt Mangroven und Bergregenwälder, seltene Affen wie den Schopfmakaken und Bären, Raritäten wie Hornvögel und so exotische Vögel wie die Teufelsnachtschwalbe, die Bronzefruchttaube und den Glanzfleckdrongo.

Von links: Schwarzhandgibbons leben hier, ebenso toben junge Orang-Utans durch die Baumwipfel. Beim Nasenaffen dauert diese ausgelassene Phase noch etwas, das Junge saugt lieber an der Mutterbrust.

Beeindruckend wirken die bis zu 90 Kilogramm schweren Orang-Utans, wenn durch den Dschungel ziehen. Pilze liegen dabei ebenso auf dem Weg wie die gefüllten Gefäße der fleischfressenden Kannenpflanze.

Wenn die Reise zu einem Naturreservat schon beschwerlich und lang ist, dann muss es mitten in der Wildnis liegen. Tatsächlich ist der Tanjung-Puting-Nationalpark ein sehr unwegsames Gebiet und damit perfekt für die auf Bäumen lebenden Orang-Utans. Sie haben hier eines ihrer größten Schutzgebiete gefunden. Mehr als 6000 Tiere leben in dem 4150 Quadratkilometer großen Areal,

das von den holländischen Kolonialherren schon im Jahr 1930 unter besonderen Schutz gestellt wurde. Es besteht ausschließlich aus sumpfigem Boden. In dem Park werden auch Primaten, die aus den Händen von Tierfängern befreit wurden, wieder ausgewildert. An betreuten Futterstellen haben Besucher oftmals Glück, die großen Baumbewohner zu beobachten.

RAJA AMPAT

Ganz weit weg von allem Lärm der Zivilisation liegen die Raja-Ampat-Inseln vor dem indonesischen Teil von Papua. Diese Isolation ist ein Segen für die Natur, die hier fast vollkommen intakt ist.

Eigentlich dürfte man über diesen Ort kein Wort schreiben. Man müsste eisern schweigen und sein Geheimnis hüten wie seinen Augapfel, damit ja niemand etwas von diesen Schatzinseln der Schöpfung erfährt. Doch ihre Pracht ist so überwältigend, dass man einfach nicht stillschweigen kann. Schon der dampfende Dschungel und die schneeweißen Strände auf dem indonesischen Archipel Raja Ampat übertreffen jede Vorstellung von einem tropischen Paradies. Doch das ist nur ein kleiner Vorgeschmack, denn die ganze Großartigkeit der Inseln entfaltet sich erst unter Wasser. Ihre Riffe und Lagunen gelten als die artenreichste Meereswelt auf dem Planeten mit Hunderten verschiedener Korallen- und annähernd 1000 Fischarten. Auf der Fläche von gerade einmal zwei, drei Fußballfeldern hat man hier mehr unterschiedliche Korallen gezählt als in der gesamten Karibik. Und schon bei einem einzigen Tauchgang kann man so viele Krebse, Garnelen, Riesenmuscheln, Seepferdchen, Makrelen, Thunfische, Barrakudas, Riffbarsche und -haie sehen, dass einem schwindlig wird. Das Geheimnis dieser schweigenden Schönheit für sich zu behalten ist schlichtweg unmöglich.

Ein lebendiges Kunstwerk der Natur, eine Ode an die Pracht der Farben: Ein Federstern, der mit seinen Fangarmen Plankton aus dem Wasser filtert, wird von einem Schwarm Glasfische gestreift.

Majestätisch erhebt sich der Mayon vor den Reisfeldern, und in der Abendsonne mit einem Wolkenschleier sieht der aktive Feuerberg geradezu friedlich und ruhig aus.

Der Boden im Umkreis des Vulkans ist ausgesprochen fruchtbar, weshalb die Gebiete am Fuß des Berges landwirtschaftlich genutzt werden.

Luzon ist die größte Insel der Philippinen und zählt zu den am dichtesten besiedelten der Erde. Sie liegt zwischen Südchinesischem Meer, der Philippinischen See und der Luzonstraße. Die Insel ist sehr gebirgig, Kordilleren verlaufen in Nord-Süd-Richtung und begrenzen breite Tiefebenen im Inneren. Auf der Bicol-Halbinsel im Südosten von Luzon erhebt sich der etwa 2460 Meter

hohe Schichtvulkan Mayon. Er gilt wegen seiner fast symmetrischen Form als einer der schönsten Vulkane der Erde, ist aber auch berüchtigt für seine überraschend einsetzenden Ausbrüche. Als der zweithöchste Vulkan der Philippinen gehört er zugleich zu den aktivsten Feuerbergen des Inselstaates und ist seit den ersten Aufzeichnungen aus dem Jahr 1616 über 50 Mal ausgebrochen, zuletzt im Mai 2013, als mindestens fünf Menschen, die ihn besteigen wollten, ums Leben kamen, und im August 2014. Da er in dicht besiedeltem Gebiet steht, birgt jeder seiner Ausbrüche ernste Gefahren für die Menschen in den Städten und Dörfern in seiner Umgebung, wie etwa beim bislang verheerendsten Ausbruch im Jahr 1814 mit mehr als 1200 Todesopfern.

BOHOL

In der Regenzeit sattgrün, in der Trockenzeit braun wie Schokolade. Letzerer Ansicht verdanken die Chocolate Hills auf Bohol ihren Namen. Über 1200 Kalksteinhügel ragen hier aus der Landschaft auf.

Mit einer Küstenlänge von 332 Kilometern ist Bohol die zehntgrößte Insel der Philippinen und bietet neben spektakulärer Natur auch historische Stätten. Ganz in der Nähe der Hauptstadt Tagbilaran befindet sich das Blood-Compact-Denkmal. Die Männer stellen den spanischen Konquistadoren Miguel López Legazpi und den Inselhäuptling Datu Sikatuna dar, die an diesem Ort 1565 zum

Zeichen der Freundschaft ihrer beiden Völker Blutsbrüderschaft geschlossen haben. Kaum zu entdecken ist der vom Aussterben bedrohte Koboldmaki oder Tarsier. Die braunroten Tierchen mit den großen Ohren sind etwa so groß wie eine Männerhand und gehören zu den kleinsten Primaten. Auffällig sind ihre riesigen, starren Augen. Dafür können die Koboldmakis ihren Kopf um 180 Grad in beide Richtungen drehen. Die größte Sehenswürdigkeit sind aber die Chocolate Hills. »Schokoladenhügel« heißen diese bizarren Berge, die in der Mitte der Insel liegen. 1268 dieser perfekt geformten, kegelförmigen Kalksteinhügel gibt es auf Bohol. Sie sind zwischen 40 und 120 Meter hoch. In der Trockenzeit verdörren die Pflanzen zu einem kräftigen Braun, daher der Name.

Nur etwa 150 Gramm bringt der kleine Philippinen-Koboldmaki auf die Waage. Die Affenart ist nachtaktiv und verbringt den Tag schlafend im dichten Geäst der Baumkronen.

CORON

Die Farbenpracht im Meer vor der Insel Coron ist überwältigend. Hier ist das Wasser noch von Industrieanlagen verschont geblieben und dementsprechend sauber.

Liebe auf den ersten Blick sieht anders aus: Eine Insel, die sich wie ein Berg aus dem Meer erhebt, ohne Strände und ohne touristischen Luxus? Viele Besucher, die ihren Fuß auf das Eiland setzen, sind zunächst enttäuscht von den schlichten Stelzenhäusern und der Einfachheit des Ortes. Coron ist eine Insel, die nur von den Tagbanuwa, einem der ältesten Stämme der Philippinen, bewohnt wird. Ausgesucht haben sie sich als Lebensmittelpunkt eines der schönsten Tauchreviere der Inselkette. Korallenreiche Riffe sind dem Eiland vorgelagert, und im Inneren befinden sich außergewöhnliche Seen, wie etwa der Lake Barrakuda, wo in 15 Metern Tiefe noch 40 °C Wassertemperatur herrschen.

NATIONALES MEERESSCHUTZGEBIET TUBBATAHA-RIFF

Taucher erwartet hier eine faszinierende Unterwasserwelt, zu der auch die Harlekin-Süßlippen gehören. Die bis über einen Meter groß werdenden Fische sind nachtaktiv, tagsüber suchen sie Schutz an Felsen.

Rund 180 Kilometer vor der Südküste der Insel Palawan bilden zwei Atolle den Mittelpunkt dieses Nationalparks. Diese ragen lediglich rund einen Meter aus dem Wasser und bieten einer großen Vielfalt von Lebewesen fast ungestörten Lebensraum. So leben hier etwa die selten gewordenen Karett- und die Suppenschildkröten, aber auch diverse Schwalben- und Tölpelarten sowie zahlreiche Korallen. Das größere Nordriff, auch »Vogelinsel« genannt, umschließt eine Lagune aus Korallensand und bildet so einen geschützten Nistplatz für Vögel. Das südliche Atoll ist kleiner und weist mit etwa 380 verschiedenen Fischarten aus mindestens 40 Familien die vielfältigere Unterwasserwelt auf.

REGISTER

A
Afghanistan 106
Akdama 61
Ala Archa, NP 94
Ala Köl 101
Alexander der Große 106
Altai (China) 211
Altai (Russland) 28
Altai Tavan Bogd, NP 190
Amurleoparden 47
Amurregion 46
Amurtiger 48
Annapurna Himal 176
Arabischer Leopard 70
Asahidake 266
Axishirsche 160

B
Bach Ma, NP 318
Backwaters 158
Badain Jaran 202
Bärenkuskus 347
Baikalsee 30
Bako, NP 296
Bali, Zentrales Hochland von 332
Baltoro-Gletscher 113
Bandai-Asahi, NP 272
Banggai-Kardinalbarsch 345
Banyanbaum 142
Barasinghas 162
Bartaffe 156
Bashang-Plateau 204
Bohol 354
Bromo Tengger Semeru, NP 330
Bukhansan, NP 254
Bundala, NP 186
Buntstörche 140, 149, 187

C
Ceylon-Hutaffe 185
Changbai Shan 200
Chenrezig 233
China 200 ff.
Chitwan, NP 180
Chocolate Hills 354
Chola Shan 230
Chöwsgöl Nuur 192
Coron 356

D
Daedunsan, Schutzgebiet 260
Daisetsuzan, NP 266
- Tokachi-dake 268
Danum-Tal 304
Dasht-e Kavir 82
Dasht-e Lut 84
Demokratische Volksrepublik Korea 250
Deosai, NP 118
Derweze-Krater 86
Diskit-Kloster 126
Drachenblutbaum 74
Drei Parallelflüsse, NP 240

E
Eisbären 32, 36
Eravikulam, NP 154
Eurasische Steppe 88
Everest, George 172

F
Fansipan 310
Faxian 110
Fischotter 183
Flores 342
Frühlingsadonisröschen 90
Fuji 280
Fujimi-Hochebene 278

G
Gaviale 161
Gelbe Berge 208
Glanznektarvogel 70
Gobi, Wüste 196
Gonbo Rangjon 128
Graubrust-Paradiesschnäpper 70
Grüne Meeresschildkröte 336
Grüner Nackenstachler 319
Guilin 245
Gunung Agung 332
Gunung Leuser, NP 320
Gunung Mulu, NP 298
Gunung Papandayan 328
Gyeongju, NP 259

H
Habichtskauz 25
Hajargebirge 78
Halbinsel Musandam 76
Halong, Bucht 314
Hanuman-Langur 143
Harappa 130
Harlekin-Süßlippen 357
Hawf, Schutzgebiet 70
Helmhornvogel 347
Heshigten-Geopark 201
Hillary, Edmund 172
Himalaya 166 ff., 226
Hindukusch 106
Huang Shan 208
Huanglong 238
Hunza-Tal 122

I
Indien 124 ff.
Indische Elefanten 164
Indonesien 320 ff.
Indus-Kultur 130
Insubong 254
Iran 82 ff.
Israel 62

J
James-Bond-Felsen 291
Jangtsekiang 240
Japan 264 ff.
Japanmakaken 277
Java-Nashörner 327
Jejudo 262
Jemen 70 ff.
Jemenchamäleon 70
Jirisan, NP 261
Jiuzhaigou, Naturschutzgebiet 236
Jordanien 64 ff.
Joshinetsu-Kogen, NP 276
Jungfernkraniche 139
Jusanji 258
Juwangsan, NP 258

K
K2 110
Kamtschatka 38 ff.
- Tal der Geysire 44
- Tolbatschik-Vulkan 42
- Vulkane 40
Kappadokien 56
Kappenlangur 161
Karakorum 110 ff.
- Gletscher 112
Karakum 86
Kasachstan 88 ff.
Kashmir-Tal 124
Kaveri, Fluss 149
Kaziranga, NP 162
Kegon-Wasserfall 274
Kelimutu 343
Keoladeo, NP 140
Kerala 158
Kerinci Selblat, NP 324
Khao Yai, NP 288
Kinabalu, NP 300
Kirgisistan 94 ff.
Ko Ang Thong, NP 294
Ko Phi Phi 292
Köl Ükök 96
Komodo, NP 338
Komodowarane 340
Königstiger 144
Koromandeluhu 141
Kuhreiher 149
Kuiten Uul 188
Kuitun-Canyon 210
Kunlun Shan 214
Kunming, Steinwald 243
Kurilen 50

L
Langschwanzagamen 304
Laos 308
Lawrence, Thomas Edward 64
Layard-Palmenhörnchen 185
Li-Fluss 246
Lombok 337
Luoping 242
Luzon 352